BUZZ

© TIAGO BRUNET, 2025
© BUZZ EDITORA, 2025

Publisher ANDERSON CAVALCANTE
Coordenadora editorial DIANA SZYLIT
Editor-assistente NESTOR TURANO JR.
Analista editorial ÉRIKA TAMASHIRO
Estagiária editorial BEATRIZ FURTADO
Preparação ALINE GRAÇA
Revisão GIOVANNA CALEIRO E AMANDA OLIVEIRA
Projeto gráfico e diagramação OSMANE GARCIA FILHO
Capa DOUGLAS LUCAS

Nesta edição, respeitou-se o novo Acordo Ortográfico da Língua Portuguesa.

Dados Internacionais de Catalogação na Publicação (CIP)
(Câmara Brasileira do Livro, SP, Brasil)

Brunet, Tiago
  Dinheiro é emocional : Saúde emocional para ter
  paz financeira / Tiago Brunet.— 1ª ed. — São Paulo :
  Buzz Editora, 2025.

ISBN 978-65-5393-434-4

1. Dinheiro 2. Economia 3. Emoções 4. Finanças
pessoais 5. Saúde – Promoção 6. Saúde emocional
I. Título.

24-243861   CDD 332.024

Índice para catálogo sistemático:
1. Educação financeira e saúde emocional 332.024

Eliete Marques da Silva – bibliotecária – CRB-8/9380

Todos os direitos reservados à:
Buzz Editora Ltda.
Av. Paulista, 726, Mezanino
CEP 01310-100, São Paulo, SP
[55 11] 4171 2317
www.buzzeditora.com.br

TIAGO BRUNET

Dinheiro é emocional

SAÚDE EMOCIONAL PARA TER PAZ FINANCEIRA

*Dedico este livro aos meus irmãos,
Daniel e Marcos.*

*Dani e Marquinhos, passamos por tantas
coisas juntos e superamos todas elas.
Este livro é um reflexo da nossa infância
e adolescência, que só são memoráveis
porque vocês estavam na minha vida.
Sorrimos e choramos.
Vivemos com intensidade.
Amo vocês!*

9 PREFÁCIO

13 INTRODUÇÃO
Inteligência bíblica

21 ILUSTRAÇÃO – O PESCADOR

25 UM POUCO DE HISTÓRIA – *A ORIGEM DO DINHEIRO*

---

31 CAPÍTULO 1 **O meu modelo de dinheiro**
Excelência emocional

51 CAPÍTULO 2 **Se não é seu, não deseje**
Escolhas • Você faz o ambiente ou o ambiente faz você?

65 CAPÍTULO 3 **Frustrações controladoras**
Caso 1 • Caso 2

77 CAPÍTULO 4 **A sua meta financeira desenhada**
Alvo • Metas • Plano de ação

83 CAPÍTULO 5 **Desfrutar do que é seu**
Índia, uma experiência inexplicável

91 CAPÍTULO 6 **O dinheiro do Mestre e as emoções do discípulo**

99 CAPÍTULO 7 **Quem serve a quem?**
Generosidade • Quantidade certa • Investindo em tempo de crise

107 CAPÍTULO 8 **Decida o que você quer**
Casais também devem decidir o que querem

117 CAPÍTULO 9 **Construindo a verdadeira riqueza**

127 CAPÍTULO 10 **Investir em planejamento**
O plano emocional • O plano financeiro • O plano espiritual

139 CONCLUSÃO

Prefácio

Mais que apenas falar sobre este livro, eu gostaria de apresentar a você o autor, pois o conheço como a palma de minha mão.

Tiago e eu nos casamos em 15 de julho de 2005 para viver uma vida simples, mas cheia de sonhos. Sonhos estes que demoraram a se concretizar.

Com o passar dos anos, fui percebendo que o Tiago era "sem controle", tanto nas emoções como na vida financeira. Ele carregava feridas do passado, era frustrado pelo que não tinha e, às vezes, se comparava a outras pessoas.

Apesar de nada disso ser explícito, eu estava bem ali, ao lado dele, e me dava conta das coisas que ninguém mais percebia. Eu me sentia insegura, mas, na época, não tinha conhecimento suficiente para ajudá-lo a lutar contra aquilo. A minha reação, então, era orar!

Ele tentava manter um padrão de vida incompatível com nossa renda, às vezes, apenas para agradar pessoas que nem sequer gostavam dele. As restrições pelas quais passara na infância devastaram sua inocência sobre esse assunto. No caso dele, ganhar dinheiro tornou-se uma questão de sentir-se aceito.

Tiago via o valor total de um produto, mas nunca se atinha aos pormenores. Queria comprar algo porque podia financiar, mas não pensava nos custos extras que a aquisição traria. Era nota zero em planejamento e administração. Por ter temperamento dominante — o que dificultava ainda mais todo o processo —, meu esposo não escutava ninguém. Os graus comparativos da infância levaram-no a gastar o que não tinha para tentar sentir-se melhor. Ele, como filho de oficial superior da Marinha e pastor evangélico que tinha muitos contatos e influência, era exposto a grandes patamares. Sua vida real, porém, era outra.

Eu, por exemplo, sempre fui de família simples e com recursos financeiros limitadíssimos. No entanto, eu não tinha graus comparativos. Quando casei, tudo parecia melhor do que antes. Meu marido, por sua vez, era ansioso e parecia que sempre lhe faltava algo.

Tiago sempre prezou a excelência. Sempre foi excelente em tudo, muito trabalhador e nunca teve problema em doar! Mas o vazio que carregava na alma era tão grande que sugava todas as nossas oportunidades financeiras. Ele fazia compras confiando em entradas que não sabia se existiriam. As dívidas, então, eram inevitáveis.

Finalmente, a transformação chegou!

Ela não veio com uma experiência espiritual, nem com uma consulta com um guru das finanças. Veio com a nossa quebra financeira. Foi arrasador o que passamos!

Logo na primeira semana, compreendi que algo estava mudando. As orações do Tiago estavam diferentes, seu orgulho estava destruído, suas motivações estavam purificadas. Eu não o via mais querendo dinheiro, mas desejoso de mudar de vida para sempre. Ele estava completamente rendido como quem não tem nada a perder! Começou a aliviar a sua bagagem emocional, reconheceu seus erros, chorou no meu colo, rasgou o coração.

Ele foi radical em suas decisões. Não queria nunca mais passar pelo que estava vivendo com nossa família naquele momento. Foi assim, em meio a sua pior crise, que ele descobriu seu propósito de vida e ficou "viciado" em ajudar pessoas. Começou a ler tudo sobre finanças e saúde emocional. Começou a buscar mentoria com "os grandes" da área. Aliás, sempre admirei essa capacidade que ele tem de se refazer, de se ampliar em meio ao caos.

Nessa fase, ele começou a viajar (ainda que com dinheiro emprestado) para juntar-se a pessoas que poderiam levá-lo a outro nível. Ele foi incansável! Correu, correu e se superou.

Este livro é reflexo de nove meses de meditação, estudos e pesquisas sobre a relação entre a saúde emocional e a paz financeira. Tiago sempre, sempre, sempre foi um homem de fé. A quebra financeira da empresa que fundamos anos atrás fez com que ele visse que até a fé tem limites se você não for inteligente. Foi então que sua atenção e seus estudos se voltaram para a vida emocional.

Ele descobriu que essa área controlava tudo. Investiu muito para aprender com profundidade sobre o assunto e recebeu tanto que começou a transbordar esse conhecimento para o Brasil e outros países.

Hoje vivemos exatamente a proposta desta obra em nossa família. Temos saúde emocional para desfrutarmos de paz e prosperidade. Jamais imaginei viver o que estamos vivendo na vida financeira.

Prepare-se, pois este livro foi escrito com lágrimas e coração, para que ninguém tenha de passar pelo que passamos. Espero que o próximo nível esteja esperando por você no fim destas páginas.

JEANINE BRUNET

Introdução

As pessoas imaginam que o dinheiro está relacionado à economia do país, ao índice de emprego, ao talento para os negócios ou às oportunidades da vida. Apesar de concordar que, indiretamente, todos esses fatores influenciam a vida financeira, o ponto crucial deste livro são as emoções. Elas são o motivo determinante para definir o que o dinheiro significa para você e para suas escolhas de como usá-lo. Sim, o dinheiro está relacionado ao universo emocional. A confusão emocional de Judas foi o que o levou a trair Jesus, não o valor das trinta moedas de prata.

No que gastamos e quanto gastamos; em que investimos e quanto economizamos; o que desejamos, com o que sonhamos e os compromissos financeiros que assumimos — tudo isso está intimamente relacionado às emoções e aos sentimentos humanos.

Quando analisamos em detalhe as estruturas filosóficas e as relações sociais do mundo atual, chegamos à conclusão de que nunca na História fomos tão desequilibrados emocionalmente. No começo da década de 2020, enfrentamos a pandemia de covid-19, o que aumentou a fragilidade de alguns e levou outros a desenvolver problemas. Além das questões associadas à saúde física que a doença acarretou e do grande número de pessoas que perderam entes queridos, muitos empresários que não estavam preparados para lidar com o mundo sem lojas físicas viram seus negócios falirem ou beirarem a falência.

Em tudo, as emoções e as finanças estão interligadas. Ainda que o cenário ao redor esteja bem, muitas pessoas não se sentem realizadas ou recompensadas se não o forem materialmente. Essa realidade tem afetado em larga escala a vida financeira de indivíduos, famílias e cidades inteiras. No começo de 2023, saiu o resultado da Pesquisa de Endividamento e Inadimplência do Consumidor (Peic) da Confederação Nacional do Comércio de Bens, Serviços e Turismo (CNC): os dois indicadores (endividamento e inadimplência) bateram recordes em 2022.[1] Países quebraram nos últimos anos![2] Hoje, temos diante de nós a geração mais

---

1 CARRANÇA, Thais. Brasil bate recorde de endividados: 'Com nome sujo, a gente não é nada'. *BBC,* 16 fev. 2023. Disponível em: <https://www.bbc.com/portuguese/articles/c257e50r9rlo>. Acesso em: 5 out. 2024.

2 KONCHINSKI, Vinicius. Dívida de países quintuplica em 20 anos e compromete orçamento de nações mais pobres: quase metade da população mundial vive em países que gastam mais com débitos do que com Saúde ou Educação. *Brasil de Fato,* 19 jul. 2023. Disponível em: <https://www.brasildefato.com.br/2023/07/19/divida-de-paises-quintuplica-em-20-anos-e-compromete-orcamento-de-nacoes-mais-pobres>. Acesso em: 5 out. 2024.

endividada da história. Mais do que isso, estudos mostram que quase 60% dos casamentos que terminaram em divórcio nos últimos anos tiveram como estopim problemas financeiros.[3] Por dinheiro, pessoas abandonaram antigos e verdadeiros amigos, filhos mataram os pais, pais abandonaram os filhos.

O mundo entrou em colapso devido ao dinheiro.

Quando Suzane von Richthofen com o namorado e o cunhado mataram os pais dela a sangue frio, em 2002, a mídia brasileira noticiou que a motivação havia sido puramente financeira. A herança estava em jogo. Analise esse crime minuciosamente e você vai concluir que foi um caso mais emocional que financeiro. Não era apenas o dinheiro que Suzane queria, mas sim "liberdade" para sentir-se bem, fazer o que quisesse e se realizar.

Não pense que esse foi um caso isolado. Até hoje crimes como esse continuam a acontecer. Em fevereiro de 2024, um homem de dezoito anos arquitetou um plano para eliminar os pais com a ajuda de um amigo. Ele alegou que, enquanto trabalhava na empresa da família, não se sentia tratado como filho, mas como empregado.[4] O tempo passa e as situações se repetem. A sociedade está doente.

---

3   CERCA de 57% dos divórcios no Brasil são motivados por problemas financeiros, aponta IBGE. *D'Ponta*, 23 out. 2020. Disponível em: <https://dpontanews.com.br/brasil/cerca-de-57-dos-divorcios-no-brasil-sao-motivados-por-problemas-financeiros-aponta-ibge/>. Acesso em: 5 out. 2024.

4   CALDAS, Joana. Filho diz à polícia que planejou morte dos pais porque era tratado como 'mero empregado' por eles. *g1*, 2 fev. 2024. Disponível em: <https://g1.globo.com/sc/santa-catarina/noticia/2024/02/02/filho-planejou-morte-dos-pais-depoimento-policia-sc.ghtml>. Acesso em: 5 out. 2024.

Emoções e sentimentos fazem parte do que os cientistas chamam de MENTE e os religiosos compreendem por ALMA. Tudo que sofremos na infância, as privações da juventude e os desgastes familiares nos levam a criar um padrão que determina o que o dinheiro significa para nós.

É elevado o número de casos em que o dinheiro não é apenas dinheiro; trata-se, também, da representação daquilo que ameniza (ainda que temporariamente) as mazelas emocionais da pessoa. Este é o motivo de muitos brasileiros comprarem o carro que não podem, mas querem ter: apenas para mostrar a todos suas conquistas. Acreditam ser assim que suprirão o que pode ser, na verdade, um complexo de inferioridade. Como sempre, o dinheiro vem sendo usado para suprir as nossas necessidades emocionais!

Na verdade, ninguém quer dinheiro. Dinheiro, em sua forma física, é papel. O que todos querem é a segurança que uma boa quantidade dele pode proporcionar. As pessoas desejam aquilo que o capital é capaz de comprar, os amigos que ele conquista, as viagens que ele proporciona. Seria esse o motivo de tanta desarmonia emocional? Como as pessoas não sabem quem são nem o que querem, colocam toda a esperança de felicidade e realização no dinheiro?

Tenho sonhado com uma geração possuidora de finanças saudáveis, pois, apesar de existirem outras áreas primordiais para que uma pessoa seja feliz, o dinheiro, no atual mundo capitalista, é uma fonte de realização, uma vez que representa a concretização de sonhos e projetos. Nas mãos certas, ele é uma arma poderosa para o desenvolvimento de indivíduos, famílias e cidades. Nas mãos certas, serve para criar um mundo melhor.

> PROSPERIDADE É TER AQUILO DE QUE VOCÊ PRECISA PARA CUMPRIR O SEU PROPÓSITO NESTE MUNDO.

Ao citar o dinheiro, não nos referimos à quantidade dele, ao acúmulo de bens ou de riquezas. Antes, trata-se de tudo de que você precisa para cumprir o seu propósito neste mundo. Isso sim fará você se sentir feliz e realizado. Isso é prosperidade!

Se estiver emocionalmente debilitado, o ser humano é capaz de gastar tudo o que tem em apenas um dia de jogo em cassinos. Um trabalhador dedicado também pode gastar o pagamento do mês com uma garota de programa ou ainda investir todas as economias em um negócio que jamais sairá do papel. Pode também estourar o limite do cartão de crédito (um dinheiro de que ele não dispõe no momento) para comprar um produto que usará só uma vez na vida, e que, como sempre, servirá apenas para tapar o buraco emocional de sua existência.

Se o padrão de dinheiro está relacionado às emoções, primeiro precisamos estar convictos de que somos saudáveis emocionalmente para, depois, pensar em ganhar e administrar riquezas.

O dinheiro levou a culpa por tragédias familiares; levou nações à queda; armou traições corporativas; destruiu a vida de muitas pessoas. O meu desafio com esta obra é levar você a refletir: dinheiro não é nada sem uma mente que o controle. O dinheiro é um ótimo servo e um péssimo senhor. O problema ou a solução está em nós!

INTELIGÊNCIA BÍBLICA

Acredito com convicção que devemos desenvolver múltiplas inteligências, tais como emocional, financeira, política e bíblica, por exemplo, que são fundamentais para o equilíbrio da humanidade.

Sou estudioso da educação bíblica e entendo que ela funciona como um GPS que nos conduz pela estrada esburacada da vida. O livro que gosto de chamar de Livro da Sabedoria Milenar, aquele que conhecemos pelo nome Bíblia, não é uma obra relativa à religião. Esse livro é a fonte de toda sabedoria e inteligência. Literalmente, é um manual de instruções para a vida. Conecte-se ao conhecimento que reside ali e, independentemente de sua religião ou crença, estará preparado para prosperar.

DINHEIRO É UM ÓTIMO SERVO E UM PÉSSIMO SENHOR.

Para escrever este livro, usei como base os fundamentos e princípios do Livro da Sabedoria Milenar: "Amado, acima de tudo, faço votos por tua prosperidade e saúde, assim como é próspera a tua alma" (3 Jo 2). Essa é uma prova milenar de que, se você não for próspero na alma primeiro (emoções, sentimentos, intelecto, vontades), JAMAIS será próspero nas demais áreas.

Concentre-se em, internamente, se saciar por completo dessa fonte de sabedoria para que, em pouco tempo, o externo seja um reflexo.

Vamos adiante!

Ilustração

O pescador

Certo pescador, um homem simples, morava no nordeste brasileiro e, como muitos de seus conterrâneos, tinha sua casa à beira-mar com a família. Seus filhos iam à escola no turno da manhã e ajudavam o pai com o barco de pesca à tarde.

Senhor Antônio era conhecido por aquelas bandas como um exímio selecionador de peixes e por saber interpretar os sinais do mar com exatidão. Ele pescava em grande quantidade porque sabia encontrar os maiores cardumes e selecionar cada peixe conforme tipo e qualidade.

Um dia, um megaempresário endinheirado viveu um *burnout*, uma estafa fora do comum e viajou ao Nordeste para descansar por poucos dias. Enquanto caminhava por uma praia paradisíaca, observou o senhor Antônio e ficou analisando como o pescador era bom tanto na quantidade como na qualidade do que retirava do mar.

Estava por perto um menino que vivia pelo cais e contou ao empresário algumas coisas sobre o pescador. O homem rico notou que, com apenas um barquinho sem estrutura, o homem humilde conseguia vender até 150 peixes em um único dia. E mais: os melhores peixes de que ele dispunha eram pescados sob encomenda para alguns restaurantes da cidade, como contou o menino.

O megaempresário, curioso e interessado naquela história, se aproximou do senhor Antônio e disse:

— Olá, homem do mar! Estava reparando no seu trabalho. Parabéns! O senhor reparou que pesca 150 peixes por dia?

— É claro — sorriu o senhor Antônio.

— Sabe... Sou um homem de negócios de sucesso, já levantei e dirigi muitas multinacionais. Estou aqui, inclusive, para me livrar do estresse e da estafa de tanto trabalho. Sabe como é, né? Por isso, estou desfrutando deste paraíso para ver se descanso um pouco. Mas estava observando o senhor. Eu gostaria de lhe dar uma consultoria de graça — disse o empresário.

O pescador parou de desenrolar a rede por uns segundos e levantou a cabeça, ouvindo.

— Por que o senhor não junta o lucro de três meses da venda dos 150 peixes diários e compra o segundo barco? Assim, poderá treinar mais um pescador e terá trezentos peixes diariamente. Em mais três meses, haverá recursos suficientes para comprar mais um barco. Em um ano, o senhor terá a maior frota de barcos desta região e pescará mais de mil peixes todos os dias — explicou.

O simples pescador perguntou:

— E depois disso?

— Depois? Bem, depois disso, o senhor pode abrir uma cooperativa e futuramente até abrir capital na Bolsa. Podemos até sonhar em vender a empresa para uma multinacional. Com alguns anos de trabalho, o senhor poderá se tornar multimilionário.

O pescador insistiu:

— E depois disso?

— Como assim, homem do mar? — questiona o rico empresário. — Depois disso, o senhor poderá vir morar na praia, comer nos melhores restaurantes, ser feliz com a sua família e aproveitar o melhor desta terra.

O senhor Antônio sorri e diz:

— Moço da capital, isso é justamente o que tenho hoje.

Um pouco de história

A origem do dinheiro[5]

A história da civilização conta que, para se manter vivo, o homem primitivo precisava se defender do frio e da fome. Uma das maneiras de fazer isso era abrigar-se em cavernas. Naqueles tempos tão remotos, o homem se alimentava de frutos silvestres e do que conseguia caçar ou pescar.

Conforme os séculos passavam, a espécie humana sentiu a necessidade de viver com maior conforto (caverna nunca mais!) e começou a prestar atenção nas posses de seus semelhantes.

Em decorrência das necessidades individuais, surgiram as trocas. Inicialmente, o sistema era de troca direta (algo que eu tenho por algo que você tem) e durou por vários séculos. Desse sistema, surgiram vo-

---

5   A primeira parte deste repertório histórico foi baseada em: GONÇALVES, Cleber Baptista. *Casa da Moeda do Brasil: 290 anos de História*. Rio de Janeiro: Casa da Moeda do Brasil, [1984?]. O restante do conteúdo tem as fontes citadas a cada trecho.

cábulos como "salário", o pagamento feito através de certa quantidade de sal; "pecúnia", do latim *pecus*, que significa rebanho (gado), ou *peculium*, relativo ao gado miúdo (ovelha ou cabrito).

As primeiras moedas físicas, tais como conhecemos hoje, eram peças que representavam valores, geralmente feitas de metal, e surgiram na Lídia (atual Turquia) no século VII a.C. As informações que se desejava ressaltar eram cunhadas de maneira primitiva, com instrumentos como martelo. Assim surgiu a cunhagem a martelo, na qual os dados monetários também eram valorizados pela nobreza dos metais utilizados, tais como o ouro e a prata.

Embora a evolução do tempo tenha levado à substituição do ouro e da prata por metais menos raros ou por suas ligas, o que se manteve foi a associação dos atributos de beleza e a expressão cultural ao valor das moedas. Na atualidade, quase sempre há figuras representativas da história, da cultura, das riquezas e do poder das sociedades.

A necessidade de guardar as moedas em segurança fez surgirem os bancos. Os negociantes de ouro e prata, por terem cofres e guardas a seu serviço, passaram a aceitar a responsabilidade de cuidar do dinheiro de seus clientes mediante recibos nos quais eram escritas as quantias guardadas. Com o tempo, esses recibos (conhecidos como *goldsmiths' notes*) passaram a servir como meio de pagamento por seus portadores, uma vez que era mais seguro carregar os comprovantes do que as moedas. Ou seja, aquele pedaço de papel provava que a pessoa tinha dinheiro guardado. Foi assim que entraram em vigência as primeiras cédulas de banco.

Ao mesmo tempo, aqueles que guardavam os valores em espécie deram origem às instituições bancárias. Os primeiros bancos reconhecidos e oficializados surgiram, respectivamente, na Suécia, em 1656; na Inglaterra, em 1694; na França, em 1700; e no Brasil, em 1808. A palavra *bank* tem origem italiana, *"banca"*, e denota a peça de madeira que os comerciantes de valores oriundos da Itália e estabelecidos na Inglaterra usavam para operar seus negócios no mercado público londrino.

Estima-se que outros meios de pagamentos tenham começado a despontar na mesma época em que a burguesia começou a se estabelecer na Europa, no século XIV. Devido ao maior número de transações comerciais, papéis com valores fixos previamente escritos deixaram de ser suficientes. Para o capitalismo que nascia, foi necessário criar uma nova espécie de documento no qual se pudesse escrever o valor desejado e cuja quantia estivesse coberta pelo montante previamente depositado. Logo no começo, essas operações eram efetuadas com letras de câmbio; eles foram considerados os primeiros cheques da história.[6]

No início do século XX, por volta de 1920, nos Estados Unidos, surgiram os primórdios dos cartões de

---

6   LOPES, Tiago. História do cheque. *História de tudo*, 2011. Disponível em: <https://www.historiadetudo.com/historia-do-cheque>. Acesso em: 5 out. 2024.

crédito. No primeiro momento, eram feitos de papel e usados apenas por clientes fiéis e confiáveis, os quais os comerciantes sabiam que voltariam para pagar a compra na data prevista[7] — talvez esse formato seja o mais próximo em equivalência às "cadernetas" brasileiras, nas quais os clientes fiéis tinham "contas".

Algumas décadas depois, em 1949, um homem chamado Frank McNamara se esqueceu de levar meios de pagamento a um restaurante. Ele, então, teve a ideia de criar um cartão nominal para que o cliente pudesse pagar restaurantes em uma data previamente determinada. O projeto iniciou com 27 restaurantes e duzentos clientes em Nova York. Em 1952, já havia milhares de clientes adeptos e era aceito por vários estabelecimentos. Logo depois, tornou-se um cartão plástico e passou a ser internacional. Em 1956, a novidade chegou ao Brasil.[8]

Quando os cartões de crédito começaram a se popularizar aqui, na década de 1980, o brasileiro também passou a fazer transações eletrônicas com débito automático. No início dos anos 2000, com a popularização da internet, as transferências eletrônicas também cresceram. Não muito depois, os *mobile bankings* ganharam força com as fintechs e aplicativos de pagamento por meio de aparelhos celulares com acesso à internet.[9]

---

7   CARTÃO de crédito. *Wikipédia, a enciclopédia livre,* 19 jun. 2024. Disponível em: <https://pt.wikipedia.org/wiki/Cartão_de_crédito>. Acesso em: 5 out. 2024.

8   *Idem.*

9   TANGIONI, Marcelo. Assim caminha a humanidade: a evolução dos meios de pagamento. *Forbes,* 12 set. 2023. Disponível em: <https://forbes.com.br/

Desde 2015, os maiores avanços foram feitos nas modalidades de transferências eletrônicas, sendo efetuadas do remetente para o destinatário sem intermediários além dos bancos (como operadoras de cartões). As mais novas tecnologias são as de pagamento por leitura de QR Code e as por aproximação.[10]

Em novembro de 2020, o Banco Central do Brasil criou o PIX, um meio de pagamento em que os recursos são transferidos instantaneamente entre contas em poucos segundos, independentemente de dia e horário.[11] Desde 2021, vem sendo implementado no Brasil o sistema de *Open Banking*, que permite que terceiros desenvolvam serviços adicionais aos oferecidos pelas instituições financeiras tradicionais, mediante o compartilhamento de APIS criadas pelos bancos com outras empresas.[12]

---

forbes-collab/2023/09/assim-caminha-a-humanidade-a-evolucao-dos-meios-de-pagamento/>. Acesso em: 5 out. 2024.

10 *Idem*.

11 O QUE é Pix? *Banco Central do Brasil*. Disponível em: <https://www.bcb.gov.br/estabilidadefinanceira/pix>. Acesso em: 6 out. 2024.

12 EVOLUÇÃO dos meios de pagamento: de onde viemos e para onde vamos? *Fluid*, 13 jan. 2020. Disponível em: <https://dock.tech/fluid/blog/tecnologia/evolucao-dos-meios-de-pagamento/>. Acesso em: 6 out. 2024.

CAPÍTULO 1

O meu modelo de dinheiro

O dinheiro não é a coisa mais importante da vida.
Mas afeta todas as coisas que são importantes.
— ROBERT KIYOSAKI

Desde os tempos mais remotos, o dinheiro é motivo de alegrias e tristezas. Por si só ele já é contraditório. Pode dar esperança e, ao mesmo tempo, pode retirá-la. Assim que comecei a me entender como gente, o dinheiro começou a fazer parte das minhas dores e felicidades.

Quando eu tinha cinco anos, meu pai comprou uma bola de futebol do Fluminense para mim numa banca de jornal. Em seguida, me levou a um campo de futebol perto da nossa casa para jogar bola. Algo nessa atitude do meu pai me marcou: como aquela bola estava atrelada a uma marca, meu pai me disse que ele teve de economizar por algum tempo para poder adquiri-la. Esse esforço intencional e o tempo de qualidade que tivemos marcou minha memória. Que lembrança deliciosa!

Infelizmente, não se vive só de boas lembranças, então também me recordo da minha primeira memória triste relacionada ao dinheiro. Durante toda a minha vida, minha família e eu sempre participamos de comunidades espirituais. Era — e ainda é — comum haver encontros que duram o fim de semana inteiro e até feriados prolongados em sítios, hotéis ou lugares similares para faixas etárias específicas, visando a um tempo de confraternização e imersão espiritual, o chamado retiro.

Certa vez, foi anunciado o retiro para a faixa etária que abrangia meus irmãos e eu. Fiquei muito feliz e ansioso por aquele tempo sem nossos pais por perto. Éramos três filhos em idade de participar, mas nossa condição financeira não permitia. Se meu pai tivera de economizar por algum tempo para comprar uma bola para apenas um de nós (minha lembrança feliz), como, então, poderia pagar o retiro para os três ao mesmo tempo? Quando papai nos disse que não iríamos por falta de dinheiro, fixei na memória que não ter condições financeiras é um impedimento para o acesso a alguns lugares.

Não importa se a sua infância foi abastada ou cheia de privações. De alguma forma, o uso do dinheiro forneceu um modelo que você internalizou. Sem perceber, nosso histórico de vida nos impôs um código de normas, atitudes e reações no qual ficamos encarcerados sem nem sequer termos nos dado conta. Tanto na minha infância como na minha adolescência, passei por experiências como as que citei que refletiram nas minhas ações e reações na fase adulta e, assim como acontece com a maioria das pessoas, levei tempo para compreender isso.

Apesar de o meu pai ter tido uma carreira militar bem-sucedida, não tínhamos uma vida abastada. Como eu disse, somos três irmãos e, naquela época, a inteligência financeira não era conhecida pela nossa família. Meus pais se esforçaram para colocar a mim e meus irmãos nos melhores colégios; tivemos acesso a estudo de alta qualidade. Eles também se esforçaram para nos matricular em cursos extracurriculares como inglês e informática, o que não ainda não era muito comum. O grande investimento educacional feito em nossa vida foi essencial para o nosso futuro.

Em contrapartida, não tínhamos um bom carro, por exemplo. Por esse motivo, embora fôssemos para uma escola de classe média alta, na qual alguns alunos chegavam até de motorista particular, nós chegávamos de "chevettinho" vermelho.

Hoje dou risadas de algo que costumava acontecer na minha adolescência: eu entrava no carro do meu pai muito rápido para que nenhum amigo me visse. Dentro do veículo, eu cobria a cabeça com a camisa para não ser reconhecido na rua do colégio. É importante reforçar que minha atitude não tinha relação com pobreza ou com grandes humilhações, pois não passávamos necessidade alguma em nosso lar. Na verdade, o simples fato de não termos o que outros, de melhor condição financeira, tinham encarcerava meu emocional, tomava conta da minha mente e me impunha limites rígidos e complexos. **O problema sempre tem o tamanho que imaginamos que ele tem.** Na infância e adolescência, tudo se potencializa.

Como afirmei, não passávamos necessidades. Tínhamos alimentos e moradia digna, tínhamos carro, escola particular de ótima qualidade e até mesmo cursos extracurriculares. Na minha percepção, porém, faltava algo. Minha sensação de falta era tamanha que eu sentia vergonha como se tivesse sido humilhado pelos meus colegas, porque eu não os considerava diferentes, mas superiores.

Esses acontecimentos, que a maioria das pessoas considera sem importância na infância e adolescência, na verdade influenciam como vamos administrar a vida financeira na fase adulta. Ali é criado o modelo mental que revela o significado do dinheiro para nós. É bem provável que todo o nosso orçamento seja gasto com o objetivo de não passarmos mais por situações semelhantes às da infância, da adolescência ou até mesmo por eventualidades desagradáveis que vivenciamos já adultos. Com certeza, há exceções para essa afirmação.

É muito interessante observar que, para aqueles que tiveram uma infância muito abastada, o orçamento também pode ficar comprometido, mas por um motivo diferente. Quando crescem, crianças que tinham tudo o que desejavam perdem a noção de valor que o dinheiro tem. Há exceções para esses casos também.

Quando abri minha primeira empresa, depois de passar pelas dificuldades a que todo empreendedor está sujeito no início, comecei a ganhar dinheiro. Exatamente quando o retorno financeiro tão esperado surgiu, foi que tudo começou.

> NO MOMENTO EM QUE DEPARAMOS COM O FRUTO DO NOSSO TRABALHO, NOSSO MODELO DE DINHEIRO SE REVELA.

Em apenas três meses de bons rendimentos, tentei viver tudo que me havia sido privado durante a vida até ali. Eu queria viajar para todos os lugares, trocar meu carro nacional por um importado, comer em restaurantes pratos cujos nomes eu desconhecia, mas que me chamavam a atenção por serem caros. Meu desejo era mostrar para todos que, enfim, eu tinha vencido na vida, eu era "livre" e nunca mais seria envergonhado como antes. Triste ilusão!

Quando não temos excelência emocional, gastar dinheiro significa apenas tentar reparar dores do passado. Precisamos compreender que nenhum montante, por mais alto que seja, tem o poder de apagar o que vivemos. Dinheiro não é borracha, e seu passado não foi escrito a lápis. Agir como se fosse possível mudar o passado apenas leva à inevitável decepção.

O rei Salomão, um célebre governante de Israel (1000 a.C.), foi o homem mais rico que já viveu na Terra. Nem mesmo a pessoa cuja fortuna foi avaliada em 15,2 trilhões de dólares em valores atuais, Mansa Musa,[13] teria riqueza semelhante à de Salomão. Historiadores, religiosos e teólogos concordam com essa afirmação. Steven Scott, inclusive, escreveu um livro sobre isso.[14] Salomão, o Pregador, como era conhecido entre os judeus, em um de seus últimos escritos, o livro de Eclesiastes, deixou-nos algumas dicas sobre dinheiro, das quais, escolhi uma:

> "A SABEDORIA OFERECE PROTEÇÃO, TAL COMO O DINHEIRO, MAS A VANTAGEM DO CONHECIMENTO É ESTA: A SABEDORIA PRESERVA A VIDA DE QUEM A POSSUI." (ECL 7,12 NVI)

A sabedoria é essencial para que alguém possa alcançar a excelência emocional. A característica de quem tem sabedoria é ter vida. Quem só possui dinheiro tem uma espécie de proteção — no entanto, com muitos limites. Com a sabedoria e, consequentemente, com inteligência emocional, temos proteção e vida. O que pode ser melhor que isso? Imagine sua família e seus negócios poderem desfrutar desses dois ingredientes essenciais para a felicidade!

---

13 BAZI, Daniela. Mansa Musa: a pessoa mais rica que já existiu na Terra. *Revista Recreio*, 21 abr. 2022. Disponível em: <https://recreio.com.br/noticias/viva-a-historia/conheca-mansa-musa-a-pessoa-mais-rica-de-todos-os-tempos.phtml>. Acesso em: 6 out. 2024.

14 SCOTT, Steven K. *Salomão, o homem mais rico que já existiu*. São Paulo: Sextante, 2020.

Sua forma de ganhar dinheiro e de administrá-lo, de investir, de poupar, de negociar e de opinar sobre finanças, tudo está relacionado ao que você viveu quando era jovem, e está diretamente ligado a como você aprendeu a sobreviver. Somos o reflexo das situações, boas ou ruins, que vivenciamos. Era assim no meu passado e, depois desta leitura e da aplicação dos princípios aqui contidos na sua vida, será passado para você também!

Muitos reeditam sozinhos as "janelas traumáticas" de suas memórias — essa tarefa tem sido chamada de "ressignificar" — e conseguem, apesar de terem tido uma infância de profunda privação e vergonha, vencer na família, nos negócios e também socialmente. Outros são sufocados por medos, traumas, decepções e dificuldades do passado e, sem conseguir ressignificar sua vida, vivem com eternos lamentos e desculpas para a situação atual que enfrentam.

Poucos anos atrás, vi fotos de um luxuoso restaurante localizado dentro de uma caverna em Bari, Itália. Fiquei impressionado, era fantástico! Ver algo tão inusitado e incrível me levou a refletir: para quem tem criatividade, uma caverna se transforma em restaurante de luxo. Ressignificar!

Com frequência, vou a Dubai para mentorias. A cidade é conhecida por sua arquitetura diferenciada, pelo luxo e pela criatividade. É lá que fica o hotel considerado atualmente o mais luxuoso do mundo — o único sete estrelas —, que conta com um restaurante subaquático. Isso mesmo, um restaurante debaixo da água com visão panorâmica. É um verdadeiro aquário gigante invertido. Os humanos é que ficam do lado de dentro. A isso podemos chamar de ressignificar conceitos para conquistar e extasiar os clientes!

Enquanto algumas pessoas se inventam e reinventam diariamente para alcançar sonhos e objetivos, sempre há também os que reclamam o tempo todo de onde estão. São os que se recusam a usar a criatividade e mudar a realidade a partir do que têm.

É importante você gravar na memória, então reitero: até mesmo quem teve uma infância abastada cria seus modelos de dinheiro, que nem sempre são positivos. Existem, inclusive, casos de homens que se casam e tratam a esposa com superficialidade, como se fosse um negócio.

Outras pessoas cometem sérios delitos e pensam que a condição financeira de que desfrutam as livrará do encarceramento. SIM, é verdade que o dinheiro muitas vezes livra essas pessoas da prisão física, mas jamais as libertará da emocional. Quando o dinheiro vira o senhor da nossa vida, perdemos o melhor que poderíamos ter, pois ter poder aquisitivo não significa ser capaz de comprar o que realmente nos completa.

As emoções não são geradas pelos acontecimentos vividos ao longo da sua caminhada na terra, mas pela maneira como você os interpreta. O valor que você deu a cada situação ou desejo determinou o seu modelo mental.

O QUE VOCÊ ACREDITA DETERMINA O QUE VOCÊ SENTE.

Veja o meu exemplo. Eu acreditava que, ao ganhar mais dinheiro, poderia comprar prestígio e ser aceito, porque esse era o meu desejo. Você lembra que contei como eu me escondia debaixo da camisa quando entrava no chevettinho vermelho dos meus pais na porta da escola, apenas porque achava que não seria aceito se me vissem ali? Esse sentimento está presente em muitos de nós.

Somente quando a minha condição financeira melhorou percebi que não se compra amigos, apenas companhias de curta duração. Ao ter um pouco mais de dinheiro do que eu estava acostumado durante a infância e adolescência, entendi o que é essencial de verdade. Eu poderia comprar um ótimo colchão, mas não o sono. Poderia andar com príncipes, mas não me sentiria nobre. Compreendi, então, que o dinheiro estava relacionado às questões emocionais.

Certa vez, decidi, como diretor da empresa de turismo que fundei em 2005, que deveríamos investir pesado em comerciais na TV aberta do Brasil. Não fiz nenhuma pesquisa para saber qual era o público-alvo do produto, não avaliei o mercado, não pedi conselhos. Apenas queria satisfazer um desejo oculto de ser visto, notado, de mostrar que estava vencendo. Traí minha empresa e meu sonho, tomei uma decisão que nos levou para longe do nosso propósito. O resultado para os negócios foi um gasto astronômico para vender somente dois pacotes turísticos em um ano inteiro de comerciais. O resultado financeiro foi ainda pior: quase três anos pagando pela dívida.

> **SENTIMENTOS FORA DE ORDEM TÊM O PODER DE FRUSTRAR SUAS FINANÇAS E DE ACABAR COM SEUS SONHOS!**

Dinheiro é tão emocional que muitos de nós realmente acreditam estar seguros e posicionados acima de todos se tiverem algumas economias. O contrário também é verdade. Quando não temos nenhum recurso, tendemos a ficar inseguros e a sentir-nos o menor dos seres humanos. Quando o dinheiro governa os nossos sentimentos, os nossos valores se invertem. É por isso que repito: o dinheiro é um ótimo servo, mas um péssimo senhor.

Minha intenção com este livro não é determinar o certo ou o errado. Busco costurar minhas descobertas com muita dedicação, a fim de que possam ajudar você hoje e no seu dia a dia. Planejo desenhar um futuro de prosperidade verdadeira, na certeza de que, se não formos ricos emocionalmente, nenhum poder aquisitivo bastará para nos suprir e satisfazer.

Como preparação para uma série de palestras e um trabalho missionário na Índia que fiz em 2014, assisti a um documentário sobre a vida de Madre Teresa de Calcutá. A obra social que ela desenvolveu naquela nação foi impactante. Uma senhorinha franzina conseguiu revolucionar um dos mais populosos países do mundo, que tem, atualmente, mais de 1,4 bilhão de habitantes, mais de seis vezes a população brasileira. Dinheiro nunca é a motivação para quem tem um propósito de vida, mas é inevitável quando você acerta o alvo. Quando Madre Teresa começou a cumprir seu propósito, os recursos para o trabalho dela surgiram.

As emoções da freira estavam tão alinhadas com a prática da fé que defendia, com a Sabedoria Milenar e com os mais pobres que sua obra social — iniciada com poucos voluntários e nenhum recurso — atingiu em pouco tempo alto nível internacional de mídia, doações e visibilidade. A importância de seu trabalho entrou para a história da Índia e da humanidade.

Pessoas ricas emocionalmente estão focadas no bem coletivo.

Pessoas que querem ser apenas ricas financeiramente, em geral, focam no próprio bem-estar.

@tiagobrunet
DINHEIRO É EMOCIONAL

EXCELÊNCIA EMOCIONAL

Duas das acepções de "excelência", segundo o dicionário Houaiss da Língua Portuguesa, são: (1) qualidade do que é excelente; qualidade muito superior. (2) tratamento que se confere a pessoas das camadas mais altas da hierarquia social.[15]

Essa primeira definição chama bastante a minha atenção! Excelência é de qualidade MUITO SUPERIOR.

É comum que pessoas nervosas gritem, ou reajam quando são provocadas, ou chorem quando são agredidas verbalmente, ou vinguem-se ao serem injustiçadas, ou percam noites de sono quando brigam com alguém, ou ainda sejam passíveis de ataques de pânico e tornem-se vulneráveis à depressão. A verdade é que a maioria das pessoas usa o dinheiro para tentar cobrir as dores da alma! Todas essas reações demonstram pouca qualidade na lida das emoções.

Excelência emocional é ser muito superior nessa área: é ter controle absoluto de suas ações e dispor de seus sentimentos em ordem. É dominar a arte de pensar antes de falar e administrar corretamente as emoções negativas. Em suma, ter excelência emocional é destacar-se em meio à multidão de desorientados emocionalmente.

Nos dias atuais, uma excelente vida emocional

---

15 Excelência. In: *Dicionário Houaiss*. Disponível em: <https://houaiss.uol.com.br/houaisson/apps/uol_www>. Acesso em: 6 out. 2024.

vale para a sociedade e para as instituições tanto quanto ou mais que um exímio currículo ou formação acadêmica. Uma das maiores caraterísticas da excelência emocional é a valorização do outro. É preferir o companheiro, deixar o egoísmo à deriva em prol do coletivo. Veja o que diz o empresário, especialista em gestão financeira e apresentador norte-americano Dave Ramsey:

> VOCÊ DEVE OBTER CONTROLE TOTAL SOBRE O SEU DINHEIRO, OU A FALTA DELE IRÁ CONTROLAR VOCÊ.

A prosperidade está muito mais conectada ao seu interior do que à sua conta bancária. Gastar 400 mil reais em uma festa de casamento, por exemplo, não garante um matrimônio feliz. Ao fazer uma busca simples na internet, dos dez casamentos mais caros do Brasil, mais da metade terminou em divórcio. O segredo da felicidade está na mente, isto é, nos sentimentos e nas emoções. Está na maneira como você vê o mundo e se relaciona com ele, não no montante que você tem para gastar. O dinheiro sempre será um ótimo complemento para a sua prosperidade interior. Enquanto ele tiver a "patente" de servo, a felicidade estará sempre à porta.

Essa é uma realidade muito antiga. Veja o caso milenar de um jovem pescador da Galileia que havia se tornado discípulo do homem que dividiria a história:

Quando Jesus e seus discípulos chegaram a Cafarnaum, os cobradores do imposto do templo abordaram Pedro e lhe perguntaram: "O mestre de vocês não paga o imposto do templo?" "Sim, paga", respondeu Pedro. Em seguida, entrou em casa. Antes que ele tivesse a oportunidade de falar, Jesus lhe perguntou: "O que você acha, Simão [Pedro]? O que os reis costumam fazer: cobram impostos de seu povo ou dos povos conquistados?" "Cobram dos povos conquistados", respondeu Pedro. "Pois bem", disse Jesus. "Os cidadãos estão isentos. Mas, como não queremos que se ofendam, desça até o mar e jogue o anzol. Abra a boca do primeiro peixe que você pegar, abra-lhe a boca e ali encontrará uma moeda de prata. Pegue-a e use-a para pagar os impostos por nós dois." (MT 17,24-27)

Jesus sabia exatamente o motivo de sua vinda à terra. Assim como Ele, quem tem um propósito definido de vida não se deixa guiar pelas pressões emocionais que vivemos diariamente, sejam elas impostos, sejam taxas, compras do mês, contas a vencer, boletos atrasados, ligações de cobrança ou até mensalidades da escola dos filhos.

O Mestre sabia que o dinheiro é apenas um complemento que precisa de um destino e, caso não haja um destino — dinheiro parado — é um recurso perdido. Jesus, por exemplo, só usava dinheiro quando tinha um propósito específico, tal qual na passagem citada. Jesus foi (e continua sendo, para o Cristianismo) considerado Mestre porque sabia que era importante aproveitar as contrariedades da vida para ensinar segurança emocional a seu grupo. Ele entendia que somente assim seus discípulos alcançariam segurança financeira.

Em meu livro *O problema é seu*,[16] falo sobre a autorresponsabilidade e sobre a necessidade de conhecermos a Sabedoria a fim de diminuir exponencialmente nossos problemas e lidar com os desafios que se apresentam a nós. Imagine você o que aconteceria se Jesus, a Sabedoria em pessoa, não mostrasse a seus seguidores mais íntimos como ter segurança emocional e como usar o dinheiro para os fins adequados? Seria uma verdadeira tragédia!

> APRENDEMOS COM JESUS QUE PROSPERIDADE NÃO É TER DINHEIRO, E SIM TER TUDO AQUILO DE QUE PRECISAMOS PARA CUMPRIR NOSSO PROPÓSITO NESTE MUNDO. PORTANTO, PROSPERIDADE É USUFRUIR DE SAÚDE FINANCEIRA PARA TER PAZ EMOCIONAL.

Muitas pessoas querem ser ricas, mas não sabem com qual finalidade. Parece-me que a intenção é apenas acumular e ostentar. Acredito, porém, que o que faz um homem realmente feliz não é a quantidade de dinheiro que ele ganha. Na minha compreensão, felici-

---

16 BRUNET, Tiago. *O problema é seu.* São Paulo: Vida, 2021.

dade é ter saúde financeira para ter paz emocional, e ter paz emocional para ter saúde financeira. Uma coisa está intrinsecamente conectada à outra.

> 1. Você tem saúde financeira para ter paz emocional?
>   ( ) Sim   ( ) Não
> 2. Você tem paz emocional para ter saúde financeira?
>   ( ) Sim   ( ) Não

Quando escrevi este capítulo para a primeira edição deste livro, eu estava no Japão. Ali, passei alguns dias ministrando em uma conferência, em uma cidade próxima a Tóquio. O que mais me impacta no povo japonês é sua força para trabalhar. Eles tiram folga duas ou três vezes por ano. Estabelecem uma meta de produção e um objetivo financeiro anuais, trabalham por eles e realmente os alcançam.

Existe, porém, o outro lado da moeda: muitos deles não têm a tão sonhada qualidade de vida, pois ganham dinheiro, mas falta a paz emocional. Essa verdade pode ser comprovada pelo elevado índice de suicídio no país, que cresceu ainda mais nos últimos anos, em especial entre crianças e adolescentes.[17]

---

17 ROBLEDO, Gonzalo. Suicídios de crianças e adolescentes no Japão bate recorde histórico. O Globo, 22 mar. 2023. Disponível em: <https://oglobo.globo.com/mundo/noticia/2023/03/suicidios-de-criancas-no-japao-atinge-maior-numero-da-historia-do-pais.ghtml>. Acesso em: 6 out. 2024.

Sabemos que o amor ao dinheiro é a raiz de toda maldade na terra (1 Tm 6,10). Muitas pessoas, por amarem esse papel valoroso, perderam a própria vida. Inúmeros conhecidos meus gastaram toda a saúde que tinham para juntar dinheiro. Depois, gastaram muito dinheiro para tentar recuperar a saúde. Não permita que o seu modelo de riqueza o escravize!

Certa vez, eu conversava com a minha esposa, Jeanine, lembrando-me de situações financeiras difíceis pelas quais já passamos. Rimos de algumas cenas! A risada nos levou a pensar sobre quais haviam sido os três momentos mais felizes da nossa vida até então. Descobrimos que nenhum deles estava relacionado ao dinheiro.

Foi impactante perceber que tivemos, sim, muitos bons momentos com dinheiro no bolso. Viajamos o mundo, jantamos fora, curtimos a vida. Mas os momentos que fizeram diferença na nossa história não sofreram a influência de nenhuma moeda. O nascimento de um filho, por exemplo, não consegue ser emocionalmente substituído por nenhum valor financeiro nesta vida.

Portanto, independentemente do que você viveu no passado e do modelo em que foi criado, a sua felicidade não depende da sua conta bancária. O fato de ela estar recheada ajuda, mas não constrói a sua vida!

O princípio de um casamento feliz é ter a alma bem-resolvida. Quem não tem emoções saudáveis jamais terá um relacionamento a dois sólido e feliz. Quem não governa a si mesmo não conseguirá governar um lar.

CAPÍTULO 2

Se não é seu, não deseje

Existem pessoas tão pobres, tão pobres,
que a única coisa que elas possuem é dinheiro.

— **AUTOR DESCONHECIDO**

Ganância!

4. ânsia por ganhos exorbitantes; avidez, cobiça, cupidez.

4.1. ânsia de ágio; agiotagem, usura.

5. desejo exacerbado de ter ou de receber mais do que os outros.[18]

Essa é a definição de "ganância", de acordo com a edição on-line do Dicionário Houaiss da Língua Portuguesa. A definição que podemos encontrar na enciclopédia coletiva Wikipedia, na categoria Psicologia

---

18 Ganância. *In: Dicionário Houaiss.* Disponível em: <houaiss.uol.com.br/houaisson/apps/uol_www>. Acesso em: 6 out. 2024.

(observe que é uma área que estuda exatamente as emoções), é ainda mais forte:

> Ganância é um sentimento humano que se caracteriza pela vontade de possuir tudo que se admira para si próprio. É a vontade exagerada de possuir qualquer coisa. É um desejo excessivo direcionado principalmente à riqueza material, nos dias de hoje, pelo dinheiro. Contudo, é associada também a outras formas de poder, tal qual influencia as pessoas de tal maneira que seus praticantes chegam ao cúmulo de corromper terceiros e se deixar corromper, manipular e enganar, chegando ao extremo de tirar a vida de seus desafetos. Muitas vezes é confundida com ambição. No Cristianismo, ganância é um dos sete pecados capitais, opondo-se à generosidade.[19]

O desejo desmedido por ter e acumular cada vez mais dinheiro gera, na maioria das pessoas, frustração. Primeiro, por não ser fácil conseguir esse montante emocionalmente satisfatório. Segundo, por tornar a pessoa gananciosa a ponto de corromper, manipular e enganar, não somente aos outros, mas a si mesma também. Entendo que podemos chamar esse desejo de imoral.

A ganância torna as pessoas pobres, como diz a frase que inicia este capítulo, pois a única coisa possível de agradá-las é dinheiro! Não há amigos verda-

---

19 Ganância. *Wikipédia, a enciclopédia livre.* Disponível em: <https://pt.wikipedia.org/wiki/Ganância>. Acesso em: 6 out. 2024.

deiros, não há amor e cuidado com o próximo, não há felicidade real. Há aqueles que compreendem essa verdade em tempo; outros morrem sem entender. Existem, também, aqueles que não atingem suas metas financeiras e se frustram. O interessante é que grande parte dessas frustrações financeiras tem relação com o desejo imoral de desejar ter o que não é seu e de ansiar por ser quem você não é. Não me refiro aqui à ambição de desfrutar de uma vida melhor ou ao fato de ter alguém como referência e exemplo de vida, mas aos casos que incluem ganância e inveja. Conviver com pessoas de uma classe social mais elevada que a sua pode, inconscientemente, provocar esses sentimentos.

Ganância e inveja são ruins por demonstrarem que ansiamos ter, em um dia, o que o outro provavelmente levou muitos anos para construir. Às vezes, o contrário também acontece: o rico inveja a paz que o pobre tem e o amor sincero que ele recebe. Paz e amor são bens emocionais que nenhum valor pode comprar. Dinheiro é, sim, um dos poderes que regem o mundo, mas não é o maior deles! Para conhecer esse imenso poder, leia meu livro *O maior poder do mundo*.[20]

Há alguns anos, tornei-me amigo de um construtor bem-sucedido. Nossa amizade era muito sincera e verdadeira, mas a companhia dele me fazia mal. Depois de algum tempo, percebi que, a cada jantar ou passeio com ele, eu voltava frustrado e insatisfeito com a mi-

---

20 BRUNET, Tiago. *O maior poder do mundo*. São Paulo: Vida, 2018.

nha casa, com o meu carro e com a vida que eu tinha. A lástima é que aquele não era um sentimento que me fazia crescer, do tipo: "Vou batalhar, vou trabalhar com mais excelência, vou conquistar!".

Temos de admitir que, infelizmente, conviver com pessoas de classe social distante da nossa, em geral, desperta ganância, desejos e inveja. O ser humano por si só é mau. Ninguém precisa ensinar uma criança a mentir nem a bater em alguém, pois ela cresce e faz isso sozinha, como um instinto que está na essência da humanidade. Por isso, a nossa luta diária e eterna é para vencermos nós mesmos. Devemos ser líderes das nossas emoções e dos nossos sentimentos, para que possamos liderar outras esferas.

De acordo com a cultura popular ocidental moderna, independentemente do que já tenhamos conquistado, a grama do vizinho sempre parecerá ser mais verde. Talvez isso aconteça porque existe um "vazio" que faz o ser humano desejar o que não lhe pertence.

Certo dia, lá estava eu, depois de uma longa e agradável conversa com aquele meu amigo construtor, pensando em barcos, viagens suntuosas e restaurantes de luxo. E, por que não, um avião particular?

A minha realidade era bastante diferente desses "sonhos de consumo" naquele momento. Na verdade, eu "vendia o almoço para comprar a janta". A minha mente, porém, estava embaralhada com fantasias motivadas pela vida que aquele amigo levava. Eu até perdia noites de sono preocupado em ser alguém que eu não era...

imaginando ter o que não tinha. Quantos de nós batalham a vida toda para viver o sonho dos outros?

> DESCOBRIR QUEM VOCÊ REALMENTE É TRARÁ O EQUILÍBRIO NECESSÁRIO PARA EVITAR O VAZIO QUE O SER HUMANO SENTE.

Decida o que você quer e saiba o que o completa. Só assim você não "viverá a vida de outras pessoas" nem se esgotará tentando conquistar o que não era para ser seu. Para que isso seja possível, é preciso entender a diferença entre meta, alvo e sonho. Meta é um desejo por algo material possível de ser concretizado em curto prazo. O alvo pode ser material ou emocional e possível de alcançar em longo prazo, e costuma demandar planejamento. Já sonho é o inalcançável; aquilo que somente pode ser conquistado com ajuda divina, caso contrário, é impossível. (No capítulo 4 abordaremos com detalhes o tema.)

Escreva, a seguir, as SUAS metas, os SEUS alvos e os SEUS sonhos.

MINHAS METAS

1 _____

2 _____

3 _____

MEUS ALVOS

1 _____

2 _____

3 _____

MEUS SONHOS

1 _____

2 _____

3 _____

Agora que você tem metas, alvos e sonhos descritos, será mais fácil evitar que a convivência com os outros mude seus planos de vida.

Há, porém, raras exceções para o conselho sobre não se deixar influenciar por outros. Refiro-me a quando encontramos e temos o privilégio de conviver com pessoas sábias, prudentes e experientes que estão dispostas a nos mostrar que limitamos os nossos sonhos ou desdenhamos o futuro com planos aquém das possibilidades. Pessoas assim oferecem uma amizade que desperta uma nova perspectiva de vida. Quando isso acontece, vale a pena rever nossos planos em prol de outros.

Acredito que cada um de nós tenha pelo menos uma história triste para contar, afinal, não vivemos um conto de fadas. Eu mesmo já contei algumas histórias que podem ser consideradas tristes nos meus livros. Que bom seria se quem já superou um grande problema pudesse dar mentorias a fim de evitar que outros não vivam o mesmo trauma e também sirvam de ajuda para a superação.

Em geral, a ganância tem como objeto conseguir aquilo que o próximo conquistou, cobiçar o que não lhe pertence. Poucas são as pessoas criativas e capacitadas que vivem os próprios sonhos. No entanto, você e eu fomos escolhidos entre bilhões de pessoas no mundo para viver uma vida criativa e abundante.

"Tiago, como você sabe disso?", pode ser a sua pergunta agora. E minha resposta é simples. Sei porque acredito não ser coincidência que este mapa de navegação tenha caído justamente nas suas mãos. Agora, você tem um guia para alcançar o seu destino de paz e prosperidade.

A ambição, por sua vez, pode ser muito positiva. Aprendi que, diferente da ganância, a ambição se torna legítima quando o propósito é contribuir para o bem coletivo. Na viagem que fiz ao Japão, em agosto de 2014, conversei com um empresário em uma cidade que fica a cerca de duas horas e meia de distância de Tóquio. Ele me informava que pegaria o trem-bala para ir até a capital.

Uma vez que já estivera no Japão anteriormente, pensei em me arriscar e também ir à cidade sem a ajuda de um guia japonês, até porque estava com mais dois colegas de viagem. Mas o empresário me perguntou: "Tiago, há quanto tempo você não vem a Tóquio?". Respondi: "Há uns dois anos". Ele sorriu e replicou: "Então vá com um guia, pois a cidade mudou completamente. Ruas, terminais de trem e metrô, lojas e restaurantes... Tudo está diferente". Curioso, perguntei: "Por que tudo mudou em tão pouco tempo?". E ele: "As Olimpíadas, meu caro! Reformamos e estruturamos toda a cidade".

Sem perceber, franzi a testa, pensativo, e sussurrei: "Ué, não me lembro das Olimpíadas de Tóquio". Meu amigo japonês sorriu novamente e respondeu: "Não houve Olimpíadas ainda. Ocorrerão somente em 2020. Mas já entregamos as obras de infraestrutura. Quando se encomenda um trabalho a um japonês, ele não descansa até concluir", afirmou meu amigo empresário.

Fiquei boquiaberto. Seis anos antes dos jogos, as obras estavam prontas? Aqui, no Rio de Janeiro, faltavam poucos dias para as Olimpíadas de 2016 e tanto ainda havia para ser feito. Muito do que foi prometido e planejado tanto para a Copa do Mundo (2014) como para as Olimpíadas (2016) que ocorreram no Brasil ficou apenas em promessa, principalmente no que diz respeito a estrutura de locomoção e hospitalar!

Tóquio, porém, já era uma supermetrópole e melhorou ainda mais. Esse é o tipo de ambição que vale a pena ter: querer melhorar a nossa cidade para que todos desfrutem dos benefícios; ter políticas públicas capazes de melhorar e dar esperança ao futuro de cada cidadão.

Veja que interessante o que aconteceu com Tóquio depois da primeira edição deste livro ser publicada. Em 2020, uma cidade completamente preparada para receber atletas, delegações, jornalistas, torcedores, líderes mundiais e curiosos teve de adiar os planos porque a pandemia de covid-19 tomou conta do mundo. Seria arriscado demais para os participantes — independentemente de serem atletas, técnicos, políticos ou cidadãos comuns dali ou de qualquer lugar do mundo — participarem de eventos que geram aglomerações e reúnem torcidas entusiasmadas. O Comitê Olímpico Internacional (COI) tomou a medida inédita de adiar o evento por um ano.[21] Os jogos de Tóquio, enfim, aconteceram de 23 de julho a 8 de agosto de 2021, com medidas restritivas de acesso, ou seja, sem público.

> A AMBIÇÃO PODE SER COLETIVA. JÁ A GANÂNCIA É SEMPRE INDIVIDUAL.

Do fundo do meu coração, desejei que a minha cidade, o Rio de Janeiro, fosse reestruturada e modernizada como Tóquio foi para aquele evento. Veja, o meu desejo não é que eu tivesse a vida desse empresário japonês ou morasse no Japão. Não, apenas desejei que nosso país tivesse investido de forma sábia os recursos para termos um belo legado olímpico e de Copa. Não mudei a minha perspectiva, mesmo impressionado com o país em que estava.

---

21 JORNAL Nacional. Em decisão inédita, COI adia os Jogos de Tóquio por causa do coronavírus. g1, 24 mar. 2020. Disponível em: <https://g1.globo.com/jornal-nacional/noticia/2020/03/24/em-decisao-inedita-coi-adia-os-jogos-de-toquio-por-causa-do-coronavirus.ghtml>. Acesso em: 6 out. 2024.

ESCOLHAS

Normalmente, para não dizer sempre, quando estou nos Estados Unidos para dar palestras e seminários, escuto as histórias de muitos brasileiros imigrantes. A maioria imigrou, mesmo que ilegalmente, em busca de um futuro melhor. Contudo, temos de lembrar que o futuro de uma pessoa não está relacionado apenas à situação econômica de um país, mas às decisões e escolhas diárias que ela toma. É provável que essa pessoa encontre nos Estados Unidos a mesma dificuldade que tinha no Brasil, ou aonde quer que vá... O problema normalmente está na pessoa — muitas vezes, nas emoções dela.

Com as emoções descontroladas, há uma grande tendência de tomar decisões equivocadas. Isso acontece porque, por falta de equilíbrio emocional, é comum tomarmos decisões sem pedir conselhos e nos mudarmos de mala e cuia para onde parece haver uma "oportunidade". É importante observar que aqueles que vivem de "oportunidades" nunca encontram a "porta certa", pois estão sempre ocupados e distraídos com o que parece ser a próxima grande chance. Os imigrantes que passam a vida em busca do visto de permanência fora de seu país de origem que o digam!

Como falei, acredito que você não está com este livro em mãos por acaso, mas porque chegou a hora de sua vida mudar para sempre! Chegou o momento de se estabilizar para crescer.

60

> AS PESSOAS QUE VIVEM DE
> "OPORTUNIDADES" ESTÃO SEMPRE
> OCUPADAS E DISTRAÍDAS COM "A
> GRANDE CHANCE" E NÃO ENCONTRAM
> O QUE DEVERIAM.

VOCÊ FAZ O AMBIENTE OU O AMBIENTE FAZ VOCÊ?

Durante conversas, sessões de mentoria ou em conferências mundo afora, é frequente encontrar pessoas moldadas pelo ambiente. Embora não seja uma regra, é extremamente comum. Poucos são os decididos, corajosos e convictos capazes de mudar o local ao qual chegam, não o contrário.

O exemplo clássico de pessoas influenciadas por fatores externos é o adolescente ou jovem que cresceu em uma comunidade dominada pelo crime organizado e pelo tráfico e se torna bandido. A força desse fator o molda e lhe dá um destino. Muitas vezes, o ambiente está associado à ganância de possuir aquilo que o dinheiro fácil poderia dar, assim como muitos acreditam.

O Livro da Sabedoria Milenar diz que, quando o Criador colocou o homem na terra, deu a ele uma ordem direta e interessante: "Encham e subjuguem a terra! Dominem sobre os peixes do mar, sobre as aves do céu e sobre todos os animais que se movem pela terra" (Gn 1,28 NVI). Conforme essa passagem, fomos criados para governar e dominar. Não se trata de dominar pessoas, mas de exercer domínio sobre ambientes e lugares. Devemos servir às pessoas com os dons que nos foram confiados.

Quando entro em um ambiente carente de conhecimento, meu conhecimento não desaparece, mas procuro transformar o local com a sabedoria e a prosperidade que há em mim. Da mesma forma, se entro onde há plenitude financeira, minha conta bancária não aumenta automaticamente, mas transformo o ambiente com o que tenho e o dinheiro não pode comprar.

Temos o poder de transformar ambientes!

Quando temos essa consciência, não desejamos o que não nos pertence. Ao contrário, queremos dar o que temos. Sempre há algo em nós que pode ser ofertado ao outro. Ninguém é completo. Todos têm o que compartilhar. Ao praticar esse princípio, não agimos sem refletir, por impulso; pelo contrário, governamos nossos impulsos. A pressão do ambiente perde o efeito sobre nós.

> SE VOCÊ COMPRAR COISAS QUE NÃO PRECISA, LOGO TERÁ QUE VENDER AQUELAS DAS QUAIS REALMENTE NECESSITA.

O princípio das finanças equilibradas é ter sentimentos prósperos.

Ganância, vingança, inveja e maledicência são sentimentos destruidores da alma, impossibilitando, assim, que você seja próspero em tudo.

Livre-se de todo sentimento que impede a prosperidade da sua alma e prepare-se para ter mais acesso aos recursos financeiros.

CAPÍTULO 3

Frustrações controladoras

O dinheiro não compra nenhuma necessidade da alma.

— HENRY THOREAU

É típico que o ser humano busque compensação para sentir-se bem depois de passar por uma frustração, pois pensa: "Já que a minha vida sentimental está uma porcaria, vou comer a melhor comida que eu puder pagar hoje", ou "Já que a minha vida profissional nunca melhora, vou gastar o pouco que me resta em uma viagem incrível". Outros pensamentos comuns são: "Já que recebi um 'não' daquela pessoa em quem investi tanto tempo, vou ao shopping comprar um presente caro para mim em dez vezes no cartão de crédito", e "Já que fui contrariado, vou trocar de carro para provar que ninguém me controla e que posso fazer o que eu quiser".

As frustrações diárias que vivemos dominam a forma como usamos os nossos recursos ao determinar o destino de cada centavo. É impressionante como não conseguimos perceber a vida como ela é de fato. Estamos sempre confusos e enganamos a nós mesmos. A "síndrome do coitadismo", também conhecida como vitimismo, se normalizou na sociedade. Cada pessoa acredita que é o ser humano mais injustiçado, o que menos tem oportunidades e que lida com as piores frustrações do Universo.

Na maioria das vezes, há ruídos emocionais capazes de ditar quem e o que somos.

Recentemente, recebi um e-mail arrogante e ameaçador de um amigo. Meu sangue ferveu. Em meio à guerra mental para controlar uma explosão de sentimentos, tive a ideia de fugir da asfixia emocional. Peguei a carteira e fui a uma loja de objetos antigos, na frente da qual eu passava e cujas peças decorativas eu admirava. Com certeza algumas delas ficariam ótimas no meu escritório. Minha mente, confusa pelo estresse, dava comandos a todo o meu corpo e afirmava como aquela compra seria capaz de me fazer "esfriar a cabeça"! Pouco depois, já "lúcido", enquanto passava pela loja, calculei o valor dos objetos e compreendi ser uma maluquice comprá-los, pois custavam uma fortuna, e eu nem sequer colecionava antiguidades.

Com as emoções à flor da pele, somos tomados pelo medo, pela insegurança e pela solidão. Se tiver dinheiro na carteira ou um cartão de crédito liberado, prepare-se: você vai tentar gastá-los. Eu sei porque quase agi por impulso quando estava emocionalmente abalado.

Quando pensei em ir à loja, não me importei se poderia estourar o limite do meu cartão de crédito ou se estava prestes a gastar o dinheiro que deveria estar separado para pagar uma conta essencial de casa. Tudo que eu queria era me sentir bem e retomar o sentimento de segurança e aceitação, queria me livrar do tormento de ser contrariado e de me sentir agredido por alguém querido.

Travei quarenta minutos de batalha interna até, finalmente, me acalmar. Retomei o controle do meu eu e não me permiti ser escravizado pelos meus pensamentos. Entendi, naquele instante, o que escrevo neste capítulo: **minhas frustrações não devem controlar meu dinheiro!** Determinei, então, que eu não cederia mais às muitas formas de compensação para ficar momentaneamente bem comigo mesmo. Se tudo der errado, se eu for contrariado, se alguém que amo e considero importante me ferir, se eu receber "não" como resposta, se a minha fase matrimonial, profissional ou sentimental não estiver boa, terei uma conversa com o meu eu. Vou conversar e debater comigo mesmo diante de um espelho, questionar meus medos e inseguranças, pois a noite pode ser longa e cheia de choro, mas sempre existe um novo amanhecer.

Meu dinheiro não precisa ser malgastado porque minhas emoções estão em modo destrutivo! No caso do meu amigo, esperei o sangue esfriar e liguei para ele. Pedi perdão, mesmo acreditando que o errado fosse ele. No entanto, o que é mais importante: ter razão ou fazer a reconciliação? Ganhar a discussão ou ter paz?

No fim, sempre perde quem não sabe perdoar e ceder. A paz é uma busca fundamental e prioritária. Nesse caso, salvei a amizade e me livrei de contrair uma dívida no cartão.

As frustrações da infância são preponderantes para as decisões econômicas que tomamos na fase adulta da vida. Para exemplificar esse princípio, eu gostaria de dar alguns exemplos pessoais e de clientes que atendi como mentor, para que você compreenda a complexidade.

CASO 1

Meus dois irmãos e eu tínhamos entre oito e onze anos, sou o mais velho. Certo dia, houve um evento muito esperado, realmente especial, a inauguração de um salão de jogos supermoderno na nossa cidade. Videogames de última geração, fliperamas e todo tipo de diversão que, naquela idade, nós adorávamos. Marcamos com mais seis amigos e amigas para passarmos o dia juntos ali.

Quando nosso pai acordou, logo cedo, deu trinta reais para cada um de nós — na época, essa era uma boa quantia para brincar nos games. Ficamos radiantes! Teríamos um dia perfeito, até que... Na fila, já com os amigos, uma menina do nosso grupo, muito admirada por nós por ser filha de um prestigiado líder religioso, vira pra mim e pergunta:

— Quanto você trouxe para gastar com as fichas?

Abri um sorrisão inocente e respondi:

— Trinta reais!

Ela mudou de fisionomia, parecia estar em dúvida ou incrédula e resmungou:

— Só trinta reais? Meu pai deu duzentos reais para cada uma das minhas irmãs e para mim.

Eu me senti como um mendigo.

Algo tão pequeno criou um enorme buraco nas minhas emoções. Episódios como esse marcam a nossa infância e nos faz crescer com o sentimento de "Agora temos de provar que temos", "Precisamos ganhar e ter mais do que os outros", "Não podemos mais sentir a vergonha de ter menos do que todos".

Eu, particularmente, decidi não ser mais vítima das minhas frustrações. Com pouco ou muito dinheiro, decidi ser livre para ser feliz. Nem todos têm um guia espiritual, mentor, pai, psicólogo, a fim de orientar e aconselhar em um momento de rejeição e dor. Nem todos conseguem força interna para lutar contra si mesmos e ressignificar as lembranças ruins. É muito importante termos uma bússola para nos auxiliar a encontrar o caminho da sanidade e do equilíbrio.

CASO 2

Oswaldo é um empresário riquíssimo. Nunca o vi repetir um par de sapatos. Todos os seus calçados eram das marcas mais caras e famosas do mundo.

Em todas as sessões de mentoria que fazíamos, reparava como ele cruzava as pernas de tal forma que o sapato ficasse bem à mostra. Como eu não entendia o motivo de um homem tão rico querer claramente mostrar a alguém a marca do sapato que usa, em um dos nossos encontros perguntei-lhe:

— Oswaldo, como foi a sua infância?

Ele respondeu:

— Muito boa. Meus pais me ajudaram bastante, sabe... O meu velho era motorista de ônibus; minha mãe, costureira. Ainda assim, sempre lutaram para que eu tivesse boas oportunidades na vida — disse o empresário.

— Mas — insisti —, de todos os seus desejos e sonhos da infância, qual você não podia realizar na época? Dos não realizados, quais machucaram o seu coração?

Os olhos dele lacrimejaram. Percebi que havia algo escondido em seu coração.

Oswaldo, então, me contou que os pais precisaram fazer um grande esforço para ele poder estudar em uma boa escola e, assim, ter o futuro garantido. Contudo, nessa escola, todos usavam o tênis da moda (o que me faz lembrar do meu caso, relatado no capítulo 1, a respeito do carro do meu pai, que me levava para a escola em um chevettinho vermelho). Ano após ano, o sentimento de humilhação de ser o único a não ter os tênis lançados pelas grandes marcas era insuportável. Para completar, ele foi para a escola com o mesmo sapato durante três anos!

Oswaldo me contou que pensou em cometer atos ruins para tentar adquirir os desejados calçados. Para não sentir a vergonha estranguladora todos os dias no colégio, ele estava disposto a qualquer coisa. Apesar desse sentimento, seguiu no caminho certo.

Na adolescência, ele trabalhou como frentista em um posto de gasolina para juntar dinheiro e fazer uma faculdade. Depois, se formou em economia, se tornou um dos maiores consultores bancários da cidade e ficou milionário. A partir daí, passou a "colecionar" os melhores tênis e sapatos que as lojas podem oferecer. O sentimento que ele nutriu durante a infância e adolescência faz que, hoje em dia, ele tenha cerca de duzentos pares de sapatos importados. Oswaldo tinha tudo o que desejava, mas continuava escravo de uma frustração passada. Ele gastava demais para reparar uma dor antiga.

Trabalhamos muito a fim de que ele reconhecesse a fonte verdadeira do problema, pois somente podemos mudar o que identificamos e reconhecemos. Quando ele compreendeu que aquele sentimento nutrido ao longo dos anos era destrutivo, decidiu se libertar. Foram horas, dias, meses de trabalho, mas estou orgulhoso.

Hoje, Oswaldo é muito mais rico por dentro do que por fora. Ele usa menos sapatos do que antes e doa mais. Atualmente, distribui calçados a crianças carentes e de orfanatos que jamais poderiam ter um tênis bom, muito menos o da moda! Ele usou a própria dor como meio de nortear seu destino. Quando fui à Índia em missão, ele foi um dos primeiros a doar para os orfanatos de lá! **Nossa vida só tem valor real se nosso jeito de viver transforma a realidade de quem está à nossa volta.**

Dê você também sentido à sua vida e ao seu propósito, vença as dores do passado e não aceite ser "coitadinho", "vítima". Deseje com todas as suas forças dar a volta por cima e tomar o controle da própria história. Saiba que, agindo assim, o seu futuro começa hoje! E lembre-se de que torço muito por você!

1. Com o que você gasta o seu dinheiro quando está triste, chateado, magoado, estressado, cansado ou frustrado?

_____

_____

_____

_____

2. O que você mais gosta de comprar? Se não consegue identificar, pense em algo que você tenha em excesso, como Oswaldo tinha sapatos.

_____

_____

_____

_____

_____

3. Questione-se sobre sua infância e adolescência para tentar se recordar do que pode estar por trás dessa compulsão. Pense nas suas frustrações. Este momento pode ser bastante forte emocionalmente, então, não contenha as lágrimas. Aproveite o tempo para autoconhecimento e reflexão.

4. Em seguida, disponibilize-se para ressignificar essa frustração e ajudar o próximo. Escreva sobre essa decisão.

_____

_____

_____

_____

Imagine como seria nosso país se os governantes tivessem excelência emocional e educação financeira? Seríamos menos saqueados, extorquidos, enganados e manipulados? E se a nossa nação fosse educada com base nas múltiplas inteligências (emocional, financeira, política e bíblica), conseguiríamos mudar o destino da próxima geração?

Vou contar uma história.

O Brasil foi fundado em uma confusão total. A opressão portuguesa e de outros países europeus sobre os brasileiros, nativos ou imigrantes, era imensa. Éramos apenas uma colônia destinada à exploração, um acidente de percurso que gerava lucro.

O sufixo -eiro é costumeiramente usado para identificar profissões ou atividades. Repare: costureiro trabalha com costura; pedreiro trabalha com obras; padeiro faz pão etc. Como esse sufixo se tornou uma designação de nome gentílico no caso do Brasil? Veja: quem nasce na América é americano; na Suíça é suíço; na Itália é italiano; no Brasil, brasileiro.

"Brasileiro" era o nome dado aos trabalhadores que cortavam o pau-brasil (árvore típica do nosso território). Somente no nosso país o nome dado a uma função laborativa foi adotado para nomear os filhos da nação. O livro *1822*, do historiador Laurentino Gomes, revela que a corte portuguesa não tinha nenhum interesse em transformar nossa terra em um país de verdade. Nascemos por acidente, por falta de comunicação entre Portugal e os políticos da época.[22]

Com isso, quero dizer que é sabido que a declaração de independência do Brasil não aconteceu de maneira intencional. A maioria dos livros de História, inclusive, deixa essa premissa bastante clara. E, como é de conhecimento geral, tudo o que é feito com improviso tem chances muito maiores de dar errado do que aquilo que é planejado.

Assim, se as frustrações controlam nosso dinheiro, como podemos esperar que a economia nacional melhore, tendo em vista a nossa história? A cultura de governo estabelecida aqui foi: tirar proveito de tudo a

---

22 GOMES, Laurentino. *1822: Como um homem sábio, uma princesa triste e um escocês louco por dinheiro ajudaram D. Pedro a criar o Brasil - um país que tinha tudo para dar errado*. 2. ed. São Paulo: Globo Livros, 2015.

todo custo. Não devemos criticar nossa história, mas entender que isso também é fruto de sérias frustrações passadas. Temos, então, de entender, reagir e trabalhar para transformar a realidade.

Tenho muita esperança no Rio de Janeiro, a minha cidade. Minha esperança se estende ao nosso país. Sei que teremos de realizar um trabalho árduo e investir, em tempo e fora de tempo, na educação multidisciplinar e em outras áreas para que nossos filhos e netos possam viver em uma nação melhor. Um país que não ressignifica a sua história, que não educa os seus governantes antes de chegarem ao poder tem poucas chances de crescimento e prosperidade.

Você pode perguntar: "Tiago, o que você quer dizer com educar os governantes?" Vamos refletir: existem cursos de MBA para pessoas de negócios, certo? Também, há formação em teologia para pastores e padres, correto? Como, então, não temos uma escola para a política? Qualquer pessoa pode se candidatar ao poder sem estar preparada? Basta querer tentar governar um país? Que lástima! Que injustiça! Enfim, quem está disposto a pagar o preço da mudança?

O dinheiro público também sofre as consequências dos problemas emocionais. Quem não governa as próprias finanças não pode governar o dinheiro de uma cidade. Para cada gasto desnecessário, cada desvio de verba, cada ato de corrupção ou de omissão do governo, há alguém financeiramente descontrolado. Quem se corrompe não é o sistema, são as pessoas.

Se mudarmos o coração e a mentalidade do nosso povo e dos governantes, você verá que o sistema se adapta de imediato. Realmente acredito que não precisamos somente de bons projetos, mas de bons corações que executem tais projetos.

Assim, o dinheiro continua a ser emocional, seja no micro, seja no macro do sistema financeiro.

O princípio para uma vida profissional feliz é ter a alma realizada. Prosperidade traz realização. Se a sua alma/mente não estiver alinhada à sua autorrealização, você jamais terá uma vida profissional feliz. Ainda que trabalhe na melhor empresa do mundo.

CAPÍTULO 4

A sua meta financeira desenhada

O dinheiro não cria o sucesso;
só dá a você a liberdade para criá-lo.
— NELSON MANDELA

Se o dinheiro está profundamente relacionado às emoções, quanto mais certo você estiver do que precisa para concretizar seus projetos, mais garantida será a sua conquista.

As emoções funcionam tanto no âmbito da autossugestão quanto no da sugestão. A autossugestão significa que, ao ter uma imagem mental do que precisa para ser feliz, o seu corpo e a sua mente trabalham continuamente a fim de conquistar esse objetivo por meio de metas a serem alcançadas. Da mesma forma acontece com a influência de terceiros (como mentores, professores, pais, amigos, cônjuge), que ajudam você a consolidar internamente um projeto.

Aprendi, por meio da inteligência bíblica, que o Criador não "dá dinheiro" para uma pessoa, mas para um projeto. Os homens e as mulheres prósperos da Bíblia conquistaram o "topo da montanha" pela causa que defendiam. Quando seu sonho está claro para você, torna-se mais fácil desenhar uma meta financeira. Sem um projeto, dificilmente você terá forças espontâneas ou ajuda "lá de cima" para conquistar o objetivo.

> A DIFERENÇA ENTRE QUEM SONHA E QUEM REALIZA É TER UM ALVO A ALCANÇAR E METAS A CUMPRIR.

O que a maioria das pessoas faz é apenas fechar os olhos e sonhar em ter muito dinheiro: "Ah! Que maravilha seria ter dinheiro para comprar tudo o que quero e de que preciso!"

A diferença entre quem sonha e quem realiza é ter um alvo a alcançar e metas a cumprir. Se o seu sonho é abrir uma clínica veterinária, o seu projeto como veterinário é ter uma clínica. Agora é preciso ter um alvo e, em seguida, metas.

ALVO

Alvo é o público que deseja atingir, o bairro no qual pretende trabalhar, o tipo de funcionários ou parceiros que gostaria de ter. Alvos são importantes para definir a essência do projeto. Isso significa dizer que, se você não tiver alvos — ou pior, se tiver alvos mal definidos —, o fracasso sempre será a primeira opção.

Para definir o público, é necessário conhecer bem o produto oferecido e os seus consumidores. Suponhamos que os principais consumidores de produtos veterinários sejam mulheres, com idades entre 25 e 45 anos, donas de casa, moradoras da zona sul e da zona oeste da cidade. Desse modo, o bairro escolhido para abrir a sua clínica tem de estar em uma dessas regiões. Os funcionários, parceiros e colaboradores devem ter o perfil que agrada a esse tipo de consumidor, assim como a decoração, o atendimento e os serviços oferecidos.

METAS

As metas representam quanto você precisa faturar mensalmente. Sempre monte três cenários: o ruim, o provável e o ótimo. Se for necessário 10 mil reais por mês para manter o seu projeto, faturar 9 mil é péssimo; doze mil é provável; e 25 mil reais é ótimo!

Dentro das metas estão também o tamanho do local para o projeto, a quantidade de funcionários e a qualidade ou marca dos fornecedores. Somente com um projeto montado, tanto empresarial, familiar, matrimonial quanto institucional, você poderá pensar em conquistar riquezas, ou o que chamo de liberdade financeira.

> AS SUAS EMOÇÕES SÓ TRABALHARÃO
> A SEU FAVOR SE VOCÊ SOUBER
> O QUE QUER.

Faço o possível para tirar um dia por semana ou um fim de semana por mês para desenhar metas financeiras ou avaliar as que já atingi ou estou para atingir! É preciso criar uma rotina para isso! Nesse tempo, busco sempre alinhar a minha mente e o meu coração com a meta que desenhei. Assim, corpo, alma e espírito trabalham em prol do mesmo objetivo.

> Eu defino o que é prioridade e concluo o que é importante sem ser ameaçado pelas urgências de última hora.

Manter a segurança mental, sem dúvida, é uma das garantias para chegarmos às metas, aos alvos e aos objetivos do nosso projeto. O sonho pode ficar apenas na imaginação se não aprendermos a desenhar o passo a passo para conquistá-lo. Assim, é preciso entender como estruturar uma conquista, definindo o que é prioridade ou importante e o que é urgência.

Para compreender o quanto isso é simples, responda a estas perguntas:

1. Em cinco anos, quem você deseja ser?

_____

_____

_____

_____

2. Como você se vê num futuro próximo?

_____

_____

_____

_____

_____

Assim que conseguir desenvolver essas respostas, terá sua META. Estabelecida a meta, criamos O PLANO DE AÇÃO.

PLANO DE AÇÃO

O plano de ação determina quais serão as suas prioridades; essas, por sua vez, são os elementos ligados a quem eu planejo ser em cinco anos, à minha meta e ao meu plano de ação. Se recebo uma proposta que me aproxima desse futuro, é PRIORIDADE. Por outro lado, se algum inconveniente surge, tenho de analisar se isso me ajudará a chegar mais perto do futuro ou se é apenas uma distração do caminho.

Precisamos tomar o cuidado de entender bem quais são as prioridades, porque existirão também as URGÊNCIAS, que ocorrem diariamente e que não estão ligadas à META, pois não contribuem para o seu futuro próximo.

Fique atento a isso! No que depender de você, assegure-se de investir o seu tempo somente nas prioridades.

O princípio para uma vida espiritual satisfatória é ter a alma próspera.

A alma é o conjunto de sentimentos, emoções, intelecto e vontades que definem o meu EU. Já prosperidade é tudo aquilo de que preciso para cumprir o meu destino na terra.

Assim, alma próspera é o meu EU unido a tudo de que ele precisa para ser fiel ao seu propósito de vida: saciedade emocional, paz espiritual.

Lembre-se de que muitos homens e mulheres considerados espiritualizados chegaram até mesmo a matar em nome de Deus.

Sem paz, também nas emoções, nunca alcançaremos uma vida espiritual coerente. Já vi muita gente considerada espiritual acabar mal por ter a vida emocional desequilibrada.

CAPÍTULO 5

Desfrutar do que é seu

*Você precisa conquistar as coisas que o dinheiro
não compra; caso contrário, será um miserável,
ainda que seja um milionário.*

— AUGUSTO CURY

A primeira característica que encontro em pessoas que estão em processo de adoecimento — ou já adoecidas — emocional e financeiro é: acreditar que somente serão felizes quando tiverem algo que ainda não têm. Essas pessoas não conseguem desfrutar do que já conquistaram, pois vivem em função do dia seguinte.

Como mentor, atendi pessoas que me diziam: "Ah! Quando comprar aquele carro...!", "Ah, se eu tiver dinheiro para me casar com aquela pessoa...!", "Ah, se eu conseguir financiar aquela casa de praia...!", "Ah, se o governo mudar o sistema econômico...!". Todas terminavam suas falas da seguinte forma: "Aí sim serei feliz".

83

Quando uma pessoa está convencida de que ainda não é realizada na vida porque lhe falta comprar ou conquistar algo, identifico em segundos uma insatisfação que nada tem a ver com dinheiro. O vazio emocional sempre buscará bens materiais para ser preenchido quando, na verdade, nunca será preenchido por algo físico.

Há pouco tempo li uma matéria a respeito de quatro pessoas que ganharam na loteria e, pasme, ficaram mais pobres que antes. Um casal, por exemplo, decidiu gastar o dinheiro em estadias em hotéis de luxo, viagens e apostas. Outro ganhador morou por um ano e meio em um hotel de luxo e desperdiçou em extravagâncias. O quarto investiu em um negócio que não deu certo e, em seguida, caiu em um golpe financeiro.[23] Dinheiro sem emoções saudáveis resulta em problemas.

Segundo a cultura ocidental, não devemos passar por privações, e tal pensamento promove a ideia de que devemos possuir tudo pelo que ansiamos. Essa filosofia se instalou a tal ponto em nossa esfera social que agora desejamos uma vida hollywoodiana, o que é uma tragédia sem precedentes, pois nunca conseguiremos viver a vida abstrata de uma ficção. A publicidade nos bombardeia com as seguintes ideias: "Gaste compulsivamente hoje", "Compre este produto de que você nem precisa, mas 'todo mundo' tem". Ao mesmo

---

23 SANTOS, Isabelle. Essas 4 pessoas ganharam milhões na loteria, mas ficaram pobres; confira as histórias. *Seu crédito digital*, 24 set. 2023. Disponível em: <https://seucreditodigital.com.br/essas-4-pessoas-ganharam-milhoes-na-loteria-mas-ficaram-pobres-confira-as-historias/>. Acesso em: 6 out. 2024.

tempo, a publicidade não adverte que, ao ceder a todos os nossos desejos, um futuro de escassez nos espera, assim como aconteceu com os ganhadores da loteria.

Por isso, o primeiro passo para quem pretende controlar o próprio dinheiro e nunca ser dominado por ele é: ser feliz e agradecido com o que possui hoje. Essa afirmação não é uma diretriz para que você se torne um conformista nem alguém sem ambição para melhorar de vida. Ao contrário, isso significa que, se souber usufruir de tudo o que conquistou até hoje, continuará usufruindo das conquistas do amanhã.

A vida é curta demais para termos apenas uma fase de deleite, alegria e usufruto. É preciso aproveitar todas as etapas, até as que não parecem ser boas. Sei que soa ilógico, mas o aprendizado sempre está relacionado às fases ruins. As partes boas são recompensas. Você nunca terá recompensas se não for desafiado e aprovado pela vida durante os dias difíceis.

> SE SUAS EMOÇÕES NÃO SÃO SAUDÁVEIS, SEUS RECURSOS JAMAIS IRÃO SATISFAZER VOCÊ. SE SEU EMOCIONAL NÃO ESTÁ SATISFATORIAMENTE SACIADO, O DINHEIRO NUNCA CUMPRIRÁ ESSE PAPEL.

Conheci pessoas extremamente bem-sucedidas que, apesar da conta bancária impecável, estavam insatisfeitas com a vida. Escutei algumas dizerem que a mansão de seis suítes que possuíam não era tão boa quanto a do vizinho. É inacreditável o ponto ao qual pode chegar o descontentamento emocional!

ÍNDIA, UMA EXPERIÊNCIA INEXPLICÁVEL

Visitei a Índia, um dos países mais populosos e pobres deste planeta, em duas ocasiões.

Quando estive no norte do país, por mais de uma semana visitei aldeias e vilarejos. Eu usava a parte da manhã para anunciar fé e esperança nos lugares ermos da cidade. À tarde, investia o tempo — junto à equipe que estava comigo — em um orfanato de meninas que haviam sido abusadas, abandonadas e esquecidas; um lindo trabalho que amei conhecer e com o qual pude contribuir. À noite, eu aproveitava para escrever parte deste livro.

Estava eu ali em uma das cidades mais miseráveis do mundo. Ruas sujas, pessoas fazendo necessidades fisiológicas nas esquinas, comida sendo preparada no chão a céu aberto, com insetos ao redor. Doenças de pele, pessoas miseráveis pelo chão. Calor de quarenta graus. A água é contaminada, não existe restaurante nem táxi, nada. É um pesadelo! Vinte e quatro horas por dia se ouvem buzinas altas e constantes. O trânsito é uma loucura; ninguém respeita ninguém.

Além disso, na Índia, a cada trinta minutos uma mulher é estuprada. Ser mulher é viver em perigo constante naquele local.

A visão que tive desse país sempre foi a de um povo muito pobre, sem destino, que precisa da intervenção divina ou que jamais terá uma saída. Claro que há cidades que são mais bem desenvolvidas. O outro único lugar ao qual já fui que é comparável à Índia é o interior da África, especificamente um estado no interior de Angola, Bié, onde também vi muita pobreza. Existe uma diferença entre os dois locais: a atmosfera, a situação espiritual. O povo de Angola é mais leve, apesar de todas as dificuldades.

Nesses lugares, ter dinheiro no bolso não quer dizer muita coisa. No aeroporto de Calcutá, por exemplo, mesmo com alguns dólares na carteira, não consegui almoçar. O único estabelecimento disponível para comer algo não aceitava cartão de crédito nem moeda estrangeira. A casa de câmbio do aeroporto estava fechada. E, quando abriu, nos informaram de que não aceitavam notas de cem! Sim, fiquei desesperado. Ter dinheiro no bolso dá certa tranquilidade, mas, quando entendemos que ele não nos dá respaldo durante a privação, descobrimos quem realmente somos. É preciso ser fiel a si com ou sem dinheiro no bolso. É necessário manter-se emocionalmente estável tanto em um mundo abundante quanto em um limitado.

O meu conceito de dinheiro foi aperfeiçoado nessas viagens. Acredite: nada do que você já viu na vida se compara ao que se vê e se sente ali. Tornei-me ainda mais agradecido pelo que tenho! Compreendi que ter recursos não é o que garante a felicidade. Por exemplo, na

África, vi muitas pessoas felizes morando em um barraco feito de barro, mas todos ao redor viviam na mesma condição. Ou seja, o que faz as pessoas pobres se sentirem infelizes é a comparação, não a limitação; é ver a situação financeira superior de alguns quando elas mesmas não têm. Nos lugares mais empobrecidos da Índia e da África, as pessoas não têm acesso nem a informação nem a classes sociais mais altas, e isso as torna felizes apesar das limitações financeiras. A comparação é a destruição da felicidade de quem tem poucos recursos, mas tem suas necessidades básicas atendidas.

O dinheiro comanda a vida de quem se compara aos demais. Quer descobrir se o dinheiro é o servo ou o senhor? Fácil: analise se você fica alegre quando tem dinheiro ou triste quando não tem. Houve um tempo em que mesmo que meus filhos estivessem com saúde e sorridentes e a minha linda esposa me esperasse para um jantar romântico em casa, eu me sentia infeliz, tudo porque a situação financeira não estava favorável. Isso é ser escravo. Ter tudo, porém, não usufruir de nada.

O dinheiro não pode controlar suas emoções. Ele não pode ser o senhor dos seus sentimentos.

> AQUILO QUE INFLUENCIA O SEU EMOCIONAL ACABA POR GOVERNAR A SUA VIDA.

Quando uma pessoa vive em um lugar com tanta escassez, como as áreas mais empobrecidas da Índia e da África, passa a confiar mais no transcendental do que no material. Ali a fé começa a ser uma realidade e desaparece a confiança no dinheiro. Naqueles vilarejos perdidos, compreendi que devemos desfrutar do que temos.

Somos tão influenciados pelo que vendem os meios de comunicação ou pelo que os outros vão dizer que acabamos nos esquecendo de agradecer e apreciar o que já conquistamos.

> PARA QUEM QUER GOVERNAR SOBRE OS RECURSOS, O PRINCÍPIO DA GRATIDÃO JAMAIS DEVE SER QUEBRADO.

Visitei vários países nos quais reclamei da comida, do hotel, do calor, da cultura etc. Depois dessa experiência, porém, tais lugares parecem paraísos. Aprendi que uma situação ruim sempre pode piorar. Agradeça pelo que você tem hoje, ainda que considere que isso é mínimo. Seja grato pelo que já conquistou, pois quem é feliz e contente com pouco certamente será com muito.

Não deixe a murmuração, a reclamação e a falta de fé tomarem conta da sua mente. Concentre-se naquilo que já é seu e foque no que pode vir no futuro. Agradeça pelas noites de sono e de paz, pelo que tem na conta bancária, pelo carro que você usa, pelo emprego do qual já reclamou tanto, pela saúde que o deixa empreender.

DESFRUTE DO HOJE, POIS ESSE É O SEU TREINAMENTO PARA O FUTURO!

O que já é seu? O que você já tem? Faça uma lista do que realmente importa para você, comece pelo que é mais valioso, tudo aquilo em que não podemos colocar preço.

Anote algumas maneiras que você pode desfrutar do que já tem. Estabeleça pelo menos uma data ou a frequência em que deve acontecer.

_____

_____

_____

_____

_____

_____

O princípio de uma vida familiar notável é construir a felicidade da alma primeiro.

Você não precisa de uma família para depois ser feliz, mas sim ser feliz individualmente para, a partir de então, fazer da sua vida familiar o lugar mais seguro da terra.

CAPÍTULO 6

O dinheiro do Mestre e as emoções do discípulo

*Que adianta ao homem ganhar o mundo inteiro
e perder a sua alma?*

— JESUS CRISTO

Feche os olhos e pense a respeito do maior traidor da história. Quando citamos a palavra "traição", o nome Judas de imediato vem à mente. Todos conhecem a história do homem que vendeu seu Mestre por trinta moedas de prata (Mt 26,14; 27,8), valor que se pagava por um escravo da época em que viveu Jesus.

O que torna a situação confusa é o fato de que Judas administrava altas quantias de dinheiro para Jesus. O Livro da Sabedoria Milenar diz que ele cuidava da bolsa com os valores doados pelos seguidores e admiradores de seu Mestre (Jo 13,29). Em outra passagem, lemos que mulheres de alta posição sustentavam Jesus com seus bens, e Judas era o tesoureiro de todo esse empreendimento (Lc 8,3).

Trinta moedas de prata não significavam uma quantia muito alta para quem tinha acesso a tanto dinheiro. Depois de analisar minuciosamente, concluí que Judas não traiu Jesus por dinheiro. Além disso, acredito que não foi somente pelo que os teólogos explicam como "Satanás se apoderou dele". Afirmo isso porque Pedro também negou que conhecia Jesus nesse dia terrível e, dias antes, Cristo havia declarado que Satanás estava em seu discípulo: "Para trás de mim, Satanás! Você não pensa nas coisas de Deus, mas nas dos homens" (Mc 8,33), foram as palavras do Nazareno para Pedro.

Judas e Pedro estavam na mesma situação: os dois traíram Jesus, os dois foram influenciados pelo "Inimigo", mas apenas um deles se suicidou e entrou para a história como o maior traidor de todos os tempos.

Pedro, depois de negar conhecê-lo, saiu correndo, chorou e entrou em um profundo processo de arrependimento, levando-o a se reavaliar e a se reequilibrar emocionalmente. Judas também se arrependeu e tentou devolver as trinta moedas aos chefes do Sinédrio, que se recusaram, afirmando que não podiam receber o dinheiro de volta por se tratar de sangue inocente. Depois disso, o traidor ficou ainda pior.

Judas não se lembrou dos três anos e meio de convivência com Cristo. Na verdade, se esqueceu da misericórdia infinita e do amor incondicional do Mestre; apagou de sua memória que a especialidade de Jesus é perdoar e dar novas oportunidades. Trancado dentro de sua consciência ferida e culpada, tirou a própria vida.

Já Pedro perdoou a si mesmo e lembrou-se do amor do Mestre, recordando-se que Jesus é o Mestre do amor. Já ressuscitado, Jesus apareceu no mar da Galileia enquanto os discípulos estavam no barco; João, o discípulo mais íntimo de Cristo, o reconheceu. Em seguida, Pedro se jogou ao mar e foi a seu encontro. O pescador e discípulo de personalidade sanguínea foi até Cristo e ficou ali com ele. Ambos desfrutaram de um tempo juntos.

Nesse dia, Jesus ressignificou a janela traumática de traição que estava aberta na mente de Pedro, perguntando ao discípulo:

"Simão, filho de João, você me ama mais do que estes?". Disse ele: "Sim, Senhor, tu sabes que te amo". Jesus completa: "Cuide dos meus cordeiros". O Mestre pergunta novamente: "Simão, filho de João, você me ama?". "Sim, Senhor, tu sabes que te amo", afirma o discípulo. Ao que Jesus novamente diz: "Pastoreie as minhas ovelhas". Como quem insiste, Cristo faz a pergunta pela terceira vez: "Simão, filho de João, você me ama?". Pedro fica entristecido e responde: "Senhor, tu sabes todas as coisas e sabes que te amo" (Jo 21,15).

Jesus fez a pergunta três vezes. A Teoria da Inteligência Multifocal[24] chama isso de reeditar as janelas traumáticas. Atualmente, nomeamos essa condição por "ressignificar as dores". Como Pedro havia negado

---

24 CURY, Augusto. *Inteligência multifocal: Análise da construção dos pensamentos e da formação de pensadores.* São Paulo: Cultrix, 2001.

seu Senhor três vezes, por três vezes Jesus insistiu em perguntar, pois sabia que assim a mente humana poderia reeditar a dor da traição do passado, substituindo-a por uma missão mais nobre no presente.

Entendeu o segredo? O homem que negou Jesus na frente de todos no dia de sua prisão, quarenta dias depois é nomeado líder da igreja cristã pelo próprio Cristo. Já Judas não se deu a chance de ser restaurado. O emocional fora de ordem cortou a vida de Judas pela metade.

> AS SUAS EMOÇÕES DETERMINAM AS SUAS REAÇÕES. UMA MÁ REAÇÃO PODE ACABAR COM AS SUAS OPORTUNIDADES PARA SEMPRE.

Muitas situações vividas, como traição, calúnia, difamação, inveja, ciúme, conflito e hostilidade marcaram negativamente a nossa história. Contudo, podemos decidir transformar o sofrimento em treinamento, e a dor pode ajudar a traçar a rota para nosso destino.

Como é impossível apagar o passado, podemos agir para reeditá-lo, ressignificá-lo, a fim de inserir na nossa história janelas saudáveis que se sobreporão às traumáticas. Ninguém que trai, calunia, mente, entra em confusão, maltrata ou tira a vida dos outros está com as emoções em ordem.

Quando insisto que dinheiro está vinculado ao âmbito emocional, não falo de uma nova teoria. Trata-se de um alerta de que, em geral, as pessoas conectam as nossas atitudes aos aspectos financeiros — como no caso de

Judas —, mas, na verdade, são os nossos sentimentos que governam as decisões que tomamos, independentemente do dinheiro ou das condições que estão em jogo.

Ser emocionalmente saudável é uma decisão. Cedo ou tarde, a pessoa doente da alma trairá alguém ou a si mesmo. Se você cometer uma traição, pode tentar se recuperar. Todavia, se trair a si mesmo, a dor será quase insuperável.

Por esse motivo, não raro vemos homens maus nos meios de comunicação de massa, desde estupradores e bandidos a políticos corruptos. Em geral, são seres humanos descontrolados, cujas emoções não têm equilíbrio. Há casos impressionantes do que a falta de reedição ou ressignificação das dores pode gerar.

Timóteo Madaleno Vieira, doutor em psicologia e professor do Instituto Federal de Goiás (IFG), escreveu um artigo baseado em dezenas de estudos internacionais sobre o perfil dos atiradores em massa que causaram tragédias como massacres em escolas.

Cerca de 19% dos atiradores não era nem psicótico nem psicopata; na verdade, esse grupo expressivo era de pessoas traumatizadas. Vieira afirma que: "Muitas vezes, eles [os filhos] escondem deliberadamente os seus pensamentos e sentimentos dos pais".[25] Emoções

---

25 AGÊNCIA Estado. Maioria dos atiradores de crimes em escolas não é psicopata, dizem estudos. *Correio Braziliense*, 18 mar. 2019. Disponível em: <https://www. correiobraziliense.com.br/app/noticia/brasil/2019/03/18/interna-brasil,743581/ maioria-dos-atiradores-de-crimes-em-escolas-nao-e-psicopata-dizem-est. shtml>. Acesso em: 6 out. 2024

fora de ordem são capazes de devastar muitas vidas sem que ninguém ao redor perceba a intenção.

> Você já traiu a confiança de alguém? Em qual situação? Depois, se arrependeu verdadeiramente e reparou a pessoa pelo dano causado?
>
> Alguém já traiu a sua confiança? Em troca de quê? Você liberou perdão pelo ocorrido?

Voltemos ao grande exemplo escolhido para este capítulo. Veja mais uma vez a reação de Judas ao dinheiro:

Então Maria pegou um frasco de nardo puro, que era um perfume caro, derramou-o sobre os pés de Jesus e os enxugou com os seus cabelos. E a casa encheu-se com a fragrância do perfume. Mas um dos seus discípulos, Judas Iscariotes, que mais tarde iria traí-lo, fez uma objeção: "Por que este perfume não foi vendido, e o dinheiro dado aos pobres? Seriam trezentos denários". Ele não falou isso por se interessar pelos pobres, mas porque era ladrão; sendo responsável pela bolsa de dinheiro, costumava tirar o que nela era colocado. (Jo 12,3-6)

Judas, ainda que fosse discípulo do Homem mais honesto da face da terra, era um ladrão. O dinheiro da bolsa de Jesus era fruto de doações para o trabalho do Messias neste mundo, mas o seguidor que o trairia mais tarde sentia-se no direito de roubar às escondidas.

Não porque precisasse, pois ele vivia com o Mestre da provisão. Nada faltava; ao contrário, sobrava. Basta conhecer a história da multiplicação dos pães e peixes. Contudo, Judas fazia o que fazia e fez o que fez porque suas emoções estavam fora de ordem. E, quando isso acontece, queremos ter mais do que realmente precisamos!

Emoções saudáveis são o primeiro passo para a verdadeira prosperidade financeira!

O princípio para uma vida fisicamente saudável é ter a alma próspera. Hoje sabemos que muitas doenças que nos destroem são fruto da má alimentação, às vezes causada pelo desequilíbrio emocional.

Psicossomatizamos muita coisa quando passamos por problemas. Adquirimos graves doenças por não aprendermos a digerir, do ponto de vista mental e sentimental, determinados acontecimentos. Até para ter saúde física você precisará ser próspero na alma.

CAPÍTULO 7

Quem serve a quem?

*Aquele que acredita que o dinheiro pode fazer tudo
pode bem ser suspeito de fazer tudo por dinheiro.*

— **BENJAMIN FRANKLIN**

Jesus, o messias esperado por diversas gerações do povo de Israel, disse certa vez:

> Ninguém pode servir a dois senhores; pois odiará um e amará o outro, ou se dedicará a um e desprezará o outro. Vocês não podem servir a Deus e ao Dinheiro. (Mt 6,24)

Por esse motivo, se a pessoa decide servir ao dinheiro, significa que as emoções dela são escravas do que deveria ser apenas um bem. O resultado de viver em função disso possivelmente seja não conquistar a liberdade financeira ou um estágio de plenitude e satisfação, uma vez que o dinheiro vai aonde suas emoções o levam.

"Que loucura!", talvez você diga. Para exemplificar que essa é a realidade, peço que pense na última coisa que você comprou ou na qual investiu e que se recorde de qual foi o motivo para o gasto. Anteriormente, já citei o motivo de meu mentoreado Oswaldo comprar tantos sapatos caros, você se lembra? Precisei ensinar a ele uma verdade da Sabedoria Milenar: "Se as suas riquezas aumentarem, não façam delas o centro de sua vida". (Sl 62,10)

Certa vez, durante um seminário que ministrei em São Paulo, perguntei à plateia qual foi a última aquisição ou investimento, e um homem de negócios que estava presente respondeu: "Eu comprei um Rolex". Segui perguntando: "Qual foi o motivo da compra?", ao que ele retrucou: "Foi por necessidade, pois eu tinha uma reunião muito importante esta semana com investidores e senti a necessidade de estar muito bem apresentado".

Então, minha próxima pergunta foi: "Você quer dizer, na verdade, que o que fez você comprar o relógio foi a insegurança de não ser aceito ou respeitado por esses homens tão importantes da reunião, não foi?". Ele refletiu e balançou a cabeça concordando comigo. Pedi a empresário que o admitisse com as próprias palavras, e a resposta foi: "Tenho muito medo de não ser aceito".

A realidade é que há marcas de relógio dez vezes mais baratas que o colocariam no nível de qualquer grande empresário. As emoções daquele homem, porém, imploravam por aceitação, e a situação de ter que se reunir com pessoas mais bem-sucedidas e influentes gerou muita insegurança.

Quem sofre em situações assim é o bolso de quem não tem emoções estáveis. Principalmente porque, nesse caso, não se tratava de um sonho prévio de consumo, pois o fator realização foi inexistente na compra do Rolex. Tratou-se apenas de uma fuga para um sentimento de insegurança.

Precisamos, com urgência, saber quem controla quem e quem está no comando. O dinheiro e as emoções nos controlam ou ainda estamos no controle?

> QUEM CONTROLA AS SUAS
> EMOÇÕES GOVERNA VOCÊ! APENAS
> REPRODUZIMOS O QUE SENTIMOS.

GENEROSIDADE

Leia com atenção os dois trechos retirados das Escrituras cristãs:

> Entre eles não havia necessitados, pois quem possuía terras ou casa vendia o que era seu e levava o dinheiro aos apóstolos, para que dessem aos que precisavam de ajuda. (At 4,34-35)
>
> Um homem chamado Ananias, com Safira, sua esposa, também vendeu uma propriedade. Com o conhecimen-

to da mulher, ele reteve parte do dinheiro para si, mas levou o restante e o depositou aos pés dos apóstolos. [...] "Ela não pertencia a você antes de ser vendida? E, depois de vendida, o dinheiro não estava em seu poder? O que o levou a pensar em fazer tal coisa? Você não mentiu aos homens, mas a Deus." (At 5,1-4)

Um dos fatores inquestionáveis sobre o dinheiro ser nosso servo, ou seja, estar sob o nosso controle, é a generosidade, que podemos compreender nos exemplos anteriores. Na reunião dos cristãos logo depois da morte e ressurreição do Messias, ninguém passava necessidade, pois quem tinha em abundância ajudava quem era desprovido, agindo dessa maneira por vontade própria.

O segundo trecho, porém, nos mostra que um casal agiu com falsa generosidade para mostrar à comunidade à qual pertencia que tinha com o que contribuir. Talvez tenham sentido que deveriam vender sua casa e doar o dinheiro para o bem comum, mas algo os fez reter uma parte e fingir que haviam dado tudo. Eles foram severamente repreendidos por Pedro que, acertadamente, os acusou de mentir para Deus.

Saiba que homens e mulheres generosos não têm medo de passar por dificuldades financeiras, tampouco conhecem o vazio existencial. Eles sabem que dar é melhor do que receber, pois supre uma dimensão do ser humano que os teólogos denominam espírito. Dar é espiritual; receber é natural.

Você sabia que os homens mais ricos do mundo também são os maiores doadores?

Warren Buffett, o americano conhecido como o guru dos investimentos, chegou a ser o homem mais rico do mundo há alguns anos. Então, ele decidiu doar sua fortuna para uma instituição de caridade.[26] Foi seguido pelo também americano Bill Gates, o dono e fundador da Microsoft, que, da mesma maneira, doou sua riqueza a instituições. Ambos voltaram a ser os mais ricos do mundo anos depois[27] e descobriram que, caso não fossem generosos, não saciariam a única dimensão do ser humano que o dinheiro não influencia: o espírito, a inteligência existencial.

Ser grato pelo que se tem e ser generoso independentemente da quantia que possui são princípios imutáveis para ser feliz e completo. São armas que nos levam a dirigir a própria vida e a não ser controlados por ela.

Durante a pandemia de covid-19, foi amplamente noticiado como as pessoas ajudavam umas às outras para que o mundo todo pudesse sobreviver ao caos causado pela doença. Um dado interessante é que vi

26 PETERSON-WITHORN, Chase. A única razão pela qual Warren Buffet não é a pessoa mais rica do mundo. *Forbes*, 14 jul. 2024. Disponível em: <https://forbes.com.br/escolhas-do-editor/2024/07/a-unica-razao-pela-qual-warren-buffett-nao-e-a-pessoa-mais-rica-do-mundo/>. Acesso em: 6 out. 2024.

27 LANE, Randall. Quero doar minha fortuna até sair da lista da Forbes, diz Bill Gates. *Forbes*, 15 jul. 2022. Disponível em: <https://forbes.com.br/forbes-money/2022/07/quero-doar-minha-fortuna-ate-sair-da-lista-da-forbes-diz-bill-gates/>. Acesso em: 6 out. 2024.

muitos relatos de pessoas que são consideradas carentes nas finanças doando o pouco que recebiam. Uma única cesta básica era dividida entre diversas famílias com vários membros.

1. Qual foi a última vez que você agiu com generosidade? Quando fez sua última doação anônima para ajudar alguém necessitado, sem que a pessoa soubesse da sua ajuda?

2. Que tal planejar uma doação que seja o dobro dessa última? Busque uma família necessitada e compartilhe do bem que você tem recebido.

QUANTIDADE CERTA

A chuva é boa ou ruim? É uma bênção ou uma maldição? Bom, depende da quantidade. Se chover pouco, os rios não vão encher o suficiente para suprir as necessidades do povo que deles depende, a plantação pode não ser suficientemente regada, os peixes podem não sobreviver e pode faltar água em muitos lugares. Todavia, se chover em excesso, enchentes podem destruir cidades inteiras, rios podem transbordar e submergir os arredores. Tudo pode ser destruído pela força das enxurradas.

Costumo dizer que crise não é somente falta de alguma coisa, crise também pode ser excesso. Com a falta de chuva, há crise de seca. Com o excesso de chuva, há crise de alagamentos e deslizamentos.

E quanto ao dinheiro? Essa regra vale? Para muitas pessoas, ter pouco dinheiro é ruim. Para outras, ter muito pode ser a causa da destruição!

1. Você conheceu alguma pessoa que se autodestruiu depois de enriquecer?

2. Por acaso, conhece a história de ganhadores da Mega-Sena?

3. Já viu alguém desistir da família porque teve sucesso?

Não estamos preparados nem para o pouco nem para o muito. Somos seres humanos em construção e, sem o devido treinamento, não saberemos sobreviver nem com a falta nem com o excesso.

INVESTINDO EM TEMPO DE CRISE

Em 2010, eu estava nos Estados Unidos e conversei com um empresário local. O país estava passando por uma grande crise. Dois anos antes, o mercado imobiliário havia quebrado. Houve o estouro da bolha financeira e os imóveis estavam muito desvalorizados. Muitos escândalos surgiram.

Mas esse visionário falava sobre investir em imóveis na Flórida. Eu ri (veja a minha ignorância!) e questionei: "Qual o maluco que vai querer investir em um país que está quebrando?". Ele respondeu: "Tiago, a crise é o melhor momento para investir!" e completou: "No momento que todos estavam comprando, eu estava juntando. Agora que todos estão vendendo por menos da metade do preço normal, estou comprando".

Três anos depois, o patrimônio desse homem saltou para vinte vezes mais do que ele tinha em 2010. Que homem sábio! Ele soube controlar suas emoções e teve grande retorno financeiro.

> Quando o dinheiro serve a você, você tem controle absoluto sobre ele. Portanto, mesmo que todos estejam comprando, você tem visão para saber que há o momento certo para tudo. "Há tempo de comprar e tempo de vender. Tempo de investir e tempo de guardar. Tempo de semear e tempo de colher. Tempo de paz e tempo de guerra" (Ecl 3, 6-8).

CAPÍTULO 8

Decida o que você quer

Muitas pessoas gastam o dinheiro que não têm para comprar o que não precisam e impressionar pessoas das quais não gostam.

— SÁBIO DESCONHECIDO

O motivo pelo qual muitas pessoas ainda não têm saúde financeira e paz emocional é porque nunca tomaram a decisão para que isso aconteça.

O segredo para o seu desenvolvimento está na educação.

INSTRUÇÃO + REFERÊNCIA = EDUCAÇÃO

Não basta fazer um curso de inteligência financeira ou emocional, é preciso ter um exemplo a seguir, alguém em quem se espelhar. O ser humano está sempre em desenvolvimento e segue modelos que toma como referência.

Há, porém, um conflito interior na tomada de decisão sobre ser emocionalmente próspero, financeiramente organizado e capaz de contribuir com a sociedade, pois acredita-se que é errado, que é "pecado" ser feliz e ganhar dinheiro. Essa batalha leva muitos a considerarem ser melhor continuar com as mazelas emocionais — seja porque já nasceram assim, seja porque vida os tornou assim — do que lutar para entrar na estrada da mudança e, consequentemente, do aperfeiçoamento.

O tema deste livro segue a linha de que a mente controla nossas ações e reações. Em outras palavras, aquilo em que você crê reflete-se no seu corpo, na sua alma e no seu espírito. Não tem jeito: **você é transformado por aquilo em que acredita**. Se sua mente definiu que você não está certo do que deseja ou de para onde ir, ela jamais permitirá que você alcance suas metas e seus objetivos.

Quando eu tinha quinze anos, comecei a trabalhar como assistente de gravação em um estúdio musical. Trabalhei ali por quase quatro anos. Ao observar meu chefe na época, Pedro, o dono do estúdio, decidi, entre meus dezoito e dezenove anos, ser empresário. A liberdade de montar os seus horários, de ter sempre de onde tirar o recurso, de ser admirado pelos funcionários e clientes... era isso que eu queria!

Quando defini o sonho e imprimi o desejo na minha mente, nunca mais ninguém conseguiu me fazer desistir. Pouco tempo depois, aos 24 anos, comecei minha primeira empresa sem ter nem sequer um real no bolso. Eu só tinha coragem e paixão.

Decidi o que eu queria e parti para o segundo desafio: qual ramo seguir?

A música não era para mim. O meu talento era limitado nessa área e eu queria ser o melhor no que fosse fazer. Aceitei, então, passar alguns meses na Europa servindo como missionário em algumas igrejas cristãs. Fiquei lá por dois anos entre idas e vindas. Aprendi muito e amadureci demais.

Quando retornei de vez para o Brasil, já não tinha mais dúvidas: queria ter uma agência de viagens. Para mim, era apaixonante trabalhar viajando e poder realizar o sonho de tantas pessoas de conhecer novos lugares. Além disso, parecia ser um negócio lucrativo e prazeroso.

Para alcançar minha meta, fiz diversos cursos, me especializei na área e iniciei o projeto.

| SONHAR, PREPARAR-SE E REALIZAR. |

Como falo no livro *Rumo ao lugar desejado*,[28] chegamos a ser uma das dez empresas mais bem-sucedidas do país no segmento de viagens à Terra Santa, Israel. Apesar de ter começado do zero, sem apadrinhamento, sem recursos e sem mentoria, consegui formar uma equipe, vender os primeiros pacotes e conquistar os

---

28 BRUNET, Tiago. *Rumo ao lugar desejado: Os segredos do desenvolvimento pessoal.* São Paulo: Vida, 2017.

fornecedores. Tudo é mais difícil nessas condições, mas nada é impossível. Eu realmente sabia o que queria.

Reafirmo que os recursos sempre seguirão suas emoções. Se elas estiverem confusas e indecisas, você não saberá como e onde investir o dinheiro.

Acredite em mim: há dinheiro disponível para todos, mas, se não definirmos com clareza a que se destina, tudo fica travado.

1. Qual é sua profissão?

2. Você atua na sua área de formação?

3. Caso não trabalhe no ramo que estudou, qual foi o motivo?

4. Caso não trabalhe no ramo para o qual se preparou, você já começou a estudar aquilo com que ganha dinheiro?

5. Você deseja fazer algo muito diferente do que faz hoje? Caso sim, o quê? Está se preparando para uma transição de carreira?

CASAIS TAMBÉM DEVEM DECIDIR O QUE QUEREM

Decidir ter um relacionamento de longo prazo é uma escolha que ajuda a moldar o caráter. O teólogo Martinho Lutero certa vez disse: "Um ano de casamento me santificou mais do que dez anos de monastério". Essa é uma grande verdade. Quando nos relacionamos com alguém em intimidade, vemos de perto suas qualidades, mas também conhecemos mais a fundo seus defeitos. Não há mais um lugar de refúgio longe do outro, afinal, se um casal se desentende, não é possível voltar para a casa dos pais e esperar uns dias a fim de se encontrarem de novo com a cabeça fria. Não! Quando firmamos um compromisso no altar, precisamos aprender a dialogar melhor, a ceder às vontades do outro, a colocar o bem da família acima do individual e a conviver diariamente com alguém que não teve a mesma criação que a nossa.

Contudo, de todos os problemas que um relacionamento a dois pode ter, o dinheiro, sem dúvida, está no topo da lista. Casais nos quais os cônjuges têm mentalidade, objetivos e sonhos diferentes costumam recorrer ao divórcio na primeira crise financeira que enfrentam.

A conta é simples e todo brasileiro entende o que vou dizer: trabalhamos em média cinco meses por ano somente para pagar impostos.[29] Em janeiro, há IPVA, matrícula da escola das crianças, férias, material escolar, uniforme, entre outros. No decorrer do ano, há

---

29 BRASILEIRO trabalha em média 150 dias para pagar impostos, diz estudo. Poder360, 6 jun. 2024. Disponível em: <https://www.poder360.com.br/economia/brasileiro-trabalha-em-media-150-dias-para-pagar-impostos-diz-estudo/>. Acesso em: 6 out. 2024.

água, luz, internet, manutenção do veículo, prestação do carro, aluguel ou parcela do imóvel, colégio dos filhos, compras do mês, cursos extracurriculares e várias outras prestações que cada um sabe bem do que se trata.

Em meio a todas as contas fixas, ainda é preciso levar a esposa para jantar, comprar roupas novas de vez em quando, divertir-se ocasionalmente, frequentar cinema, teatro e discutir sobre os gastos, investimentos e problemas financeiros. Se o casal não está muito alinhado, convenhamos que é muito difícil ter paz emocional e saúde financeira, pois a mídia está cada dia mais cruel e voraz, tentando nos fazer comprar até mesmo aquilo de que não precisamos.

No meu caso, depois que me casei com Jeanine, percebi que a vida seria insuportável sem ela. Quando tivemos os nossos filhos, descobri o sentimento imensurável de ter uma família e de ser o provedor dela. Apesar disso, tivemos percalços no caminho; precisei crescer muito para me tornar o homem que sou hoje como marido e pai.

Muitos casais têm vindo conversar comigo em busca de mentoria. Certa vez, um casal chegou bastante irritado para se aconselharem. O problema discutido é muito recorrente hoje. A esposa estava "oprimindo" (palavras do marido) o cônjuge a conseguir 25 mil reais para uma cirurgia plástica. Ela queria dar uma "recauchutada" geral. Nesse caso, o problema era duplo. Além de o marido não ter a quantia, ele realmente achava que a esposa não precisava de nada daquilo. Na opinião dele, a companheira estava sendo influenciada pelas amigas do condomínio.

Escutei, escutei e escutei...

Já conversou com uma mulher de meia-idade decidida a "levantar o moral"? Não tinha forma de acalmá--la sem concordar com a cirurgia! Ela queria o dinheiro para operar de qualquer jeito. O marido sabia que não ganharia aquela batalha. E, mesmo que ganhasse, dormir no sofá seria seu destino. Ensinei a ele que um dos segredos da inteligência emocional para casais é: "Em um casamento existem duas pessoas. Uma está sempre certa e a outra é o marido". Brincadeiras à parte, existem regras da inteligência emocional que não podemos quebrar! Então, propus uma reflexão sobre os reais motivos da "recauchutada". Ficou claro que a esposa estava emocionalmente influenciada pelas amigas que já haviam feito algum tipo de cirurgia. Ela não queria ser a diferente do grupo. Precisava de aceitação.

A atitude da mulher também estava relacionada à baixa autoestima, apesar de o marido acreditar que ela não precisava de nenhum upgrade. Era ela quem se achava feia e fora do padrão exigido pela sociedade moderna e pela ditadura da beleza do século XXI.

A situação financeira do casal não estava boa e havia muitas outras prioridades. O emocional, porém, guiou o destino do dinheiro. Trinta e seis parcelas de muito sofrimento foram o resultado da decisão!

Não sou contra cirurgia plástica, nem contra qualquer intervenção em prol da beleza e do bem-estar. Se o casal não está na mesma sintonia, porém, as emoções inevitavelmente vão governar o relacionamento, e os problemas serão uma constante, alguns podendo ser irreparáveis.

Não temos de ser influenciados "pelo que todos estão fazendo", porque é certo que esse "todos" não vai pagar nossas contas. Nossas decisões devem estar baseadas em prioridades, planejamento, concordância mútua e, é claro, também devem estar vinculadas ao nosso propósito de vida e à realização pessoal.

Há pessoas, porém, que precisam errar para amadurecer. Também existem aquelas que somente depois de comprar determinado bem conseguem alcançar realização. O papel de quem tem emoções maduras é procurar compreender e ajudar cada um conforme suas necessidades e fraquezas, sem nenhum julgamento, mas com compreensão!

As diferenças não são problema. Há beleza na diversidade!

Uma das melhores maneiras de decidir sobre o destino do dinheiro é ter um orçamento no qual se basear. Veja, abaixo, minha indicação com a regra 50-30-20.

- Dedique 50% da sua renda aos gastos essenciais: aluguel, alimentação, transporte, água, luz, internet.
- Reserve, no máximo, 30% das suas entradas para bens e serviços não essenciais.

- Aplique, no mínimo, 20% dos seus ganhos em investimentos e, caso necessário, em quitação de dívidas.[30]

Monte uma tabela tendo esses parâmetros e controle seu custo de vida. Há exemplos gratuitos em aplicativos para celular e computador, a fim de facilitar o processo.

Ter alma próspera, para ser próspero em todas as áreas, é o caminho mais inteligente para chegar ao sucesso.

---

30 TERCEIRO, Carlos. Regra 50 30 20: o que é e como utilizar para otimizar as finanças? *Mobills*, 3 set. 2024. Disponível em: <https://www.mobills.com.br/blog/planejamento-financeiro/regra-50-30-20/>. Acesso em: 6 out. 2024.

CAPÍTULO 9

Construindo a verdadeira riqueza

*O cofre do banco contém apenas dinheiro; frustra-se
quem pensar que lá encontrará riqueza.*

— CARLOS DRUMMOND DE ANDRADE

Será que o dinheiro é realmente importante? SIM!, eu responderia. Nunca consegui pagar as contas lá de casa de outra forma que não fosse com dinheiro.

O dinheiro dá segurança? SIM! O Livro da Sabedoria Milenar reforça isso: "A sabedoria oferece proteção, como o faz o dinheiro [...]". (Ecl 7,12)

Com dinheiro no bolso, a sensação de que tudo vai dar certo é maior. Depois de idas e vindas, de vitórias empresariais e quebras financeiras, de passar pelas tempestades da vida e desfrutar do melhor da terra, concluí que:

- O dinheiro é apenas o facilitador da construção de uma verdadeira riqueza.

- O dinheiro é uma das ferramentas para a construção da casa dos sonhos.

- O dinheiro é um ingrediente importante (mas apenas um ingrediente) do bolo de aipim com coco da vida (o meu preferido).

Permita-me descrever uma imagem para desenhar um quadro na sua mente. Para o bolo chegar à sua mesa de café da tarde, o processo é mais ou menos este: Deus fez a parte dele e criou raízes e frutos tais como aipim e coco. Um homem com a habilidade de cultivo planta, rega e colhe. Outro homem, com tino para negócios, compra do agricultor os frutos por determinado preço e revende nas praças comerciais por outro. Uma padaria compra esses ingredientes e usa o talento do confeiteiro para dar forma e sabor ao bolo. Desesperados por uma mordida naquela obra de arte culinária, nós vamos à padaria e compramos tudo pelo preço sugerido e levamos o bolo para casa.

Veja bem: o dinheiro foi uma das ferramentas para o bolo chegar à sua mesa. Muitos outros esforços e ingredientes foram necessários para a obra ser completada, entende?

Quando você foca só no dinheiro, diminui os frutos da terra, o homem que plantou, regou e colheu, o intermediador da venda, o dono da padaria, o confeiteiro e por aí vai...

> A VERDADEIRA RIQUEZA NÃO
> É CONSTRUÍDA COM DINHEIRO,
> MAS COM A CAIXA DE FERRAMENTAS
> QUE VOCÊ USA PARA OBTÊ-LA.
> VOCÊ TEM UMA CAIXA DE
> FERRAMENTAS?

A riqueza nunca é o dinheiro, mas o dinheiro é uma ferramenta facilitadora da riqueza. No meu caso, nada é mais valioso para mim do que a minha família. Logo, uma das riquezas que tenho são os meus filhos e Jeanine, minha esposa.

Contudo, sem dinheiro, que é a ferramenta facilitadora, não poderíamos realizar as sessões de cineminha em casa acompanhadas de pipoca com manteiga. Teríamos sérios limites para as férias anuais que planejamos. Não conseguiríamos pagar a boa escola das crianças, e eu, como pai, me sentiria frustrado. Por esses e outros motivos, ter dinheiro não é ser rico, é ter uma importante ferramenta para construir a riqueza.

Nas minhas viagens missionárias pela Ásia, conheci um pastor que morava naquela região e atuava ministerialmente no serviço aos mais pobres e aos excluídos da sociedade. Em uma das nossas conversas, ele me disse que o amor era o ingrediente principal para ajudar aquelas pessoas, mas que sem dinheiro ele não teria como provar isso. A riqueza daquele homem era amar os menos favorecidos, mas sem dinheiro ele estaria limitado em sua expressão de amor.

É meio escandaloso ler isso. Eu sei. O subtítulo deste livro revela muito sobre o que acredito: saúde emocional para ter paz financeira. Isso significa que é essencial saber organizar as prioridades da sua vida.

Se você não conseguir pôr em ordem as suas prioridades — competência que é fruto da inteligência emocional adquirida ao longo da vida —, achará que o dinheiro é o fim pelo qual vivemos e trabalhamos, quando, na verdade, ele é apenas uma placa de sinalização na estrada da nossa existência. É a indicação de aonde podemos ir e onde não devemos entrar por enquanto. Na estrada da vida, o dinheiro é a sinalização, mas a fé é o guarda de trânsito que nos manda avançar, mesmo quando o semáforo está vermelho.

A fé pode nos ajudar a organizar nossas prioridades, pois ela nos conduz à Fonte da Sabedoria. Quando temos um relacionamento de fé com o Mestre, temos o exemplo de quem conseguiu agir o tempo todo com as emoções adequadas a cada situação: Jesus. Seus ensinamentos nos indicam o caminho da inteligência emocional e financeira.

Definitivamente, acredito na inteligência financeira: comprar somente o planejado; gastar menos do que se ganha; economizar e investir para o futuro etc. Contudo, além de meu trabalho como autor, palestrante e mentor, também sou pastor, sou um homem de fé, a terceira geração de pastores da minha família, então, já vi diversas vezes esse "guarda de trânsito", que é a fé, mandar o meu pai, por exemplo, avançar um sinal vermelho.

Com fé, nada é impossível. Preste atenção e não confunda as coisas: em geral, a inteligência faz o possível e a fé entra em ação quando o caos se instala ou quando o impossível aparece em cena!

> A INTELIGÊNCIA FAZ O POSSÍVEL.
> A FÉ ENTRA EM AÇÃO NO IMPOSSÍVEL
> E NO CAOS.

Fé não é como um passaporte que nos dá permissão para realizar qualquer viagem internacional sem visto, na esperança de que Deus dará um jeito de resolver tudo. No meu livro *O problema é seu*,[31] inclusive, falo sobre como somos nós os criadores da maioria dos nossos problemas e também os responsáveis por resolvê-los.

Afirmo isso por acreditar que a fé é responsável por resolver situações de maneiras consideradas extraordinárias aos olhos humanos. A verdade mais profunda, porém, é que no dia a dia temos de usar mais a inteligência do que a fé. Observe: a fé entra em ação apenas quando não podemos fazer mais nada. Assim, com inteligência planejamos e com fé executamos.

Em suma, decidi construir a minha riqueza usando a fé como alicerce, o dinheiro como britadeira, a mi-

---

31 BRUNET, Tiago. *O problema é seu*. São Paulo: Vida, 2021.

nha rede de relacionamentos como serrote, o conhecimento como cimento... Não podemos nos apegar às ferramentas que foram usadas para construir o nosso lar. Devemos focar no que realmente tem valor.

LADRÃO NENHUM PODE ROUBAR A VERDADEIRA RIQUEZA!

Certo dia, enquanto eu estava em um megaevento internacional, dando uma palestra sobre mentoria e múltiplas inteligências, uma senhora se aproximou e disparou: "Tiago, qual é a verdadeira riqueza para você?".

Embora eu tivesse pouco tempo para conversar, em razão da agitação pós-palestra — autógrafo de livros, fotos com os convidados e toda a correria para sair do local até o horário determinado —, olhei dentro dos olhos daquela senhora e respondi: "Faça uma lista das suas verdadeiras riquezas. As minhas são: a família, o conhecimento, os amigos e a conexão com Deus. São as quatro coisas nas quais invisto todo recurso disponível de forma que eu possa mantê-las e ampliá-la".

Ela insistiu: "Dinheiro não é riqueza?", ao que repliquei: "Dinheiro é o facilitador das riquezas".

A verdade é que ter dinheiro me permite passar muitas horas em casa, aproveitando o melhor da vida com os meus quatro filhos e a minha esposa. Como alcancei independência financeira (para você compreender como e também alcançar esse objetivo, leia o meu livro *Rumo ao lugar desejado*[32]), não preciso sair desesperado em busca de trabalho para pagar as minhas contas. Desfruto das minhas verdadeiras riquezas e posso ministrar muito conteúdo gratuito no *Café com destino*, no *BrunetCast* e nas pregações dominicais, porque o dinheiro facilitou isso para mim. Não sejamos hipócritas!

Apesar disso tudo, não devemos cultivar amor pelo dinheiro. Não se pode amar mais a ferramenta de construção do que a casa que foi construída. O cantor e compositor Frejat diz, na música que ficou amplamente conhecida "Amor pra recomeçar": "Eu desejo que você ganhe dinheiro pois é preciso viver também. E que você diga a ele, pelo menos uma vez, quem é mesmo o dono de quem".[33]

Sim, o dinheiro deve ser conquistado e bem administrado para que você possa usufruir do seu propósito de vida e, principalmente, desfrutar das recompensas que cumprir esse propósito traz.

---

32 BRUNET, Tiago. *Rumo ao lugar desejado*. São Paulo: Vida, 2017.
33 AMOR pra recomeçar. Composição: Frejat, Maurício Barros, Mauro Santa Cecília.

Escreva a seguir uma lista das suas verdadeiras riquezas. Anote, ao lado, como o dinheiro pode facilitar cada uma delas e defina a quantidade de recursos financeiros necessários para que tudo isso se cumpra.

RIQUEZA	COMO O DINHEIRO PODE FACILITAR ESSA RIQUEZA	RECURSO FINANCEIRO NECESSÁRIO

Com metas estabelecidas, as batalhas do dia a dia ganham sentido!

Muitas pessoas querem TER dinheiro, mas a pergunta certa seria: PARA QUE você quer dinheiro? Tenha as respostas para esse questionamento bem claras, e os recursos chegarão até você.

Funciona da seguinte forma: muitos querem TER dinheiro, pois na verdade estão pensando no que ele pode trazer, como conforto, casa própria, viagens, amigos, um bom hospital caso precise etc. O dinheiro, porém, é um deus falso, vendendo a ideia de que somente ele é capaz de dar fim aos seus problemas quando, na verdade, há outras maneiras para resolvê-los.

Com fé, consigo uma casa própria sem usar dinheiro; com amor, consigo amigos; com a rede de networking certa, posso viajar o mundo sem gastar um centavo; trabalhando para uma boa empresa, um bom plano de saúde fica à minha disposição. Na verdade, como abordo amplamente no meu livro *Especialista em pessoas*,[34] sempre tem a ver com pessoas! Dinheiro é só papel.

> A verdadeira riqueza é ter o conjunto das coisas que o dinheiro não compra!
>
> Dinheiro facilita a vida, provê estabilidade e tranquilidade, mas não consegue gerar paz.
>
> Alcance o seu destino, e o dinheiro chegará até você.

---

34 BRUNET, Tiago. *Especialista em pessoas: Soluções bíblicas e inteligentes para lidar com todo tipo de gente*. São Paulo: Planeta, 2018.

CAPÍTULO 10

Investir em planejamento

O coração do homem pode fazer planos, mas a resposta
vem dos lábios do Senhor.

— PROVÉRBIOS 16,1

Muita gente tem esperado uma resposta divina para a vida, mas a Sabedoria Milenar é clara: "O coração do homem pode fazer planos, mas a resposta vem dos lábios do Senhor" (Pr 16,1).

O ser humano, em geral, se apega a misticismos quando se trata de dinheiro e riquezas. A verdade, porém, é que as pessoas bem-sucedidas traçaram planos para chegar aonde chegaram, sem basear a vida em crendices populares.

Veja o que acontece no mês de dezembro: todos começam a sonhar que o ano seguinte será bem melhor do que o ano que está acabando. Fazemos uma série de coisas que revelam que, como pessoas, acreditamos mais em superstições e misticismo do que em planejamento. Usamos roupa branca "para atrair a paz" e amarela "para chamar dinheiro". Temos pensamentos positivos e fazemos declarações em voz alta: "Vai dar tudo certo...", "No próximo ano, será tudo diferente...", "Será o melhor ano da minha vida...". Oramos para que o ano que entra seja abençoado! Contudo, a realidade é que **a colheita de um ano respeita o plantio do anterior.**

Logo, não se trata de apenas acreditar que vai melhorar, mas de plantar as sementes que vão gerar as árvores que desejamos ter na vida.

Que bom seria se o pensamento positivo mudasse o nosso destino! A verdade é que são as rotas que determinam os destinos dos voos.

Falando nisso, nessas inúmeras viagens que faço pelo mundo, certa vez conversei com o piloto de uma grande companhia aérea internacional enquanto esperava pelo meu voo. Perguntei-lhe sobre a complexidade do painel de controle de um avião e como era sensacional a ideia de pilotar algo tão pesado e gigante. Foi então que lhe perguntei qual era a coisa mais importante de um voo. Afinal, na Fórmula 1, precisa-se de um excelente piloto e de um carro melhor ainda.

"Na aviação é diferente", respondeu ele. "A qualidade do piloto e a modernidade da aeronave não servem de nada se não existe um PLANO DE VOO." Um piloto com trinta anos de experiência não consegue sair do aeroporto de origem, por mais que faça parte de sua rotina, e chegar, por intuição ou prática, a outro aeroporto. "Não existe sinalização nas nuvens", disse o piloto.

Foi quando entendi claramente que o planejamento vale mais que as superstições ou crendices populares.

O PLANO EMOCIONAL

Os maiores problemas que enfrentei não aconteceram no período de quebra financeira, mas quando eu desfrutava de fartura. As maiores resistências também. Sim, o homem não é provado quando está mal, mas quando está melhor do que se imaginava.

O Livro da Sabedoria Milenar diz: "O crisol é para a prata e o forno é para o ouro, mas o que prova o homem são os elogios que recebe" (Pr 27,21). Quem não tem um plano emocional para desfrutar do dinheiro e da riqueza cairá nas mais simples armadilhas do sucesso: orgulho, altivez, adultério, inimizades e coisas semelhantes. Como já afirmei, quem não tiver o passado emocional resolvido e reeditado, ressignificado, vai enlouquecer com dinheiro na mão.

O dinheiro nos dá o poder de execução: quero algo; vou lá e faço. Sem um plano, uma rota emocional, porém, tudo irá por água abaixo.

> UMA VIDA EMOCIONAL SAUDÁVEL É A BASE DO SUCESSO FINANCEIRO REAL.

As emoções sobrepõem o mais bem desenhado mapa do tesouro e borram os caminhos indicados ali.

Quando elas estão fora de ordem, nada tem sentido. Tudo fica confuso.

As propostas que me levariam à perdição não vieram quando eu estava em crise, mas quando eu estava prosperando. As pessoas de má índole que iriam corromper os meus bons costumes não se aproximaram de mim quando eu devia para o mundo todo, mas quando eu investia e multiplicava os meus recursos. No meu livro *Princípios milenares*,[35] explico como isso aconteceu.

O orgulho e a independência interpessoal não bateram na porta do meu coração quando eu tinha vinte reais para passar o fim de semana, mas quando eu já não precisava olhar o lado direito do menu de um restaurante, entende?

Se você sonha com riquezas, se deseja ser grande, se prosperar financeiramente é o seu destino, então siga este valioso conselho:

| **TRACE O SEU PLANO EMOCIONAL.** |

Para ajudá-lo a iniciar o seu plano emocional, mostro agora um exemplo que você pode seguir ou adaptar, de acordo com a sua experiência de vida.

---

35 BRUNET, Tiago. *Princípios milenares: 10 leis espirituais para uma vida de paz e prosperidade.* São Paulo: Academia, 2024.

Exemplo de PLANO EMOCIONAL:

1. Perdoar quem me feriu.

2. Reeditar, ressignificar o passado por meio de acompanhamento psicológico dos meus traumas e lembranças dolorosas.

3. Mapear os meus gatilhos mentais – estalos na mente quando ouço algo ou vejo alguém e minhas emoções se transformam imediatamente.

4. Quem preciso procurar para me reconciliar e, assim, manter a paz?

5. Como me tornar "inofendível" diante do que ainda está por vir?

Talvez, no seu caso, você precise começar com uma reconciliação para manter a paz ou por compreender quais são os gatilhos emocionais que o tiram do eixo. O seu plano emocional pode ser idêntico ao exemplo que apresentei ou completamente diferente. Também é possível que comece a traçar o plano de uma maneira, mas descubra que precisa incluir ou pode eliminar etapas. Em suma, seu plano emocional será adaptado à sua realidade, às necessidades que você tem e às dificuldades que enfrenta ou enfrentou. Não há problema algum! Você somente terá problemas se não tiver um plano, afinal, é para isso que chegou até este ponto da leitura!

Sem ele, dificilmente você subsistirá às dificuldades que surgem na vida de quem alcança o topo da montanha. Para chegar ao lugar da riqueza, você terá de passar pela estrada das perdas, das frustrações e da dor. Terá inimigos pelo caminho e oposição de pessoas próximas. Você ficará surpreso ao descobrir que ser rico ofende, e muito, as pessoas que não o são. Elas farão de tudo para atrapalhar a sua jornada.

Sem um plano emocional, você chegará tão ferido ao lugar desejado que nem conseguirá celebrar a conquista. Então, grave mais esta orientação do Livro da Sabedoria Milenar: "Acima de tudo, guarde o seu coração, pois dele depende toda a sua vida". (Pr 4,23)

O PLANO FINANCEIRO

Não seja ingênuo. Misticismo e pensamento positivo não criam riqueza; planejamento financeiro, sim. Montar e seguir um plano dá resultado se atrelado a uma fé inabalável.

Para fazer meu primeiro milhão de reais na vida, segui este MAPA:

MAPA DO PLANO FINANCEIRO

1. **Criar fontes múltiplas de entradas financeiras.**
   Veja o meu exemplo: eu ministrava cursos de mentoria pelo Instituto Destiny; escrevia livros e os vendia nos eventos; palestrava por todo o Brasil; criei o CID (Clube de Inteligência e Desenvolvimento), uma escola de vida financeira e emocional em uma plataforma on-line; abri a Destiny Store, uma loja on-line de produtos com os conteúdos que ministramos, tais como cursos EAD, conteúdo digital, camisetas com nossas frases etc.

2. **Ter prazeres com custos bem menores que as entradas financeiras.**
   Se minha entrada é de 2 mil reais, mas meus prazeres são comer pipoca vendo filmes e tomar bons cafés — o que é verdadeiro no meu caso —, vou gastar 5% de minha renda mensal com os "prazeres".

   Antes, porém, eu não era assim. Meus prazeres incluíam viajar, jantar em restaurantes caros, comprar carros que chamavam a atenção, tudo isso com a intenção de me sentir bem. Quando você muda seu prazer, muda seus resultados financeiros.

3. **Não comprar nada por emoção. Comprar porque preciso, não porque quero.**
   Escrevo este texto justamente de um dos polos mundiais de compras para brasileiros: Orlando, na Flórida. Aqui

é um bom lugar para se deter diante de uma vitrine com os cartazes gigantes "TUDO com 50% de desconto". Isso leva o consumidor a gastar uma quantia alta em itens que não tinha intenção de comprar. Para evitar esse problema, pergunte a si mesmo: "Eu preciso disso?". A minha esposa e eu reduzimos muito nossos gastos desnecessários fazendo essa pergunta a cada compra. Compramos somente aquilo de que precisamos!

4. **Permitir que o dinheiro trabalhe para mim.**
Esse ponto é um segredo da riqueza. Trabalhar para alguém ou para si mesmo permitirá que você sempre seja pobre ou classe média. Quando outros trabalham para você, talvez você possa se tornar rico! Quando o dinheiro trabalha para você... UAU... esse é o segredo.

5. **Traçar um plano de investimento.**
Não gasto minhas entradas para cobrir os "buracos da alma"; como expliquei no caso dos itens decoração que quase comprei por estar estressado depois de ler um e-mail. Em vez disso, apenas invisto naquilo que me dá retorno, no que faz o dinheiro trabalhar para mim.

É importante você saber que isso não é fácil. Cada investimento tem uma característica e um risco. Então, encontre aquele que deixa você mais confortável, um que você realmente entenda como funciona, para que esse investimento se torne multiplicador dos seus recursos.

> Domine a área de investimento. Assista a vídeos sobre o tema, faça cursos sobre isso, ande com pessoas que entendam disso. Se preciso for, contrate um consultor para auxiliá-lo a tomar uma decisão.

Esse plano financeiro funcionou para mim!

Criei múltiplas atividades, todas alinhadas ao meu propósito de vida, que rendiam entradas significativas. Fiz uma lista de todas as minhas habilidades e criei produtos relacionados a cada uma delas.

Eu falava bem em público; então criei uma série de palestras. Eu tinha sensibilidade e paciência para escrever; então comecei a registrar minhas ideias em livros. Eu tinha um mestrado na área de mentoria; então comecei a dar cursos sobre o tema. Por aí vai...

Quando você usa as suas habilidades e o seu conhecimento para resolver o problema de outros, o seu negócio é um forte candidato a ser referência e a atrair riquezas automaticamente. Tenho visto essa verdade se colocar em prática na minha vida e nos meus negócios. Comecei o podcast *BrunetCast*, o *Café com destino* todas as manhãs e a disponibilizar minhas pregações on-line. Todo esse conhecimento está disponível de graça para você e para milhões de pessoas Brasil afora. Com o passar do tempo, meu trabalho nessas áreas se tornou referência e estou prestes a ver a Terra Prometida ficar pronta — um amplo complexo de estúdios, escritórios e auditório com a intenção de treinar o mundo na Sabedoria Milenar.

Apesar de saber que todo homem precisa gastar com hobbies e prazeres, não deixei que as minhas emoções seguissem esse direcionamento; em vez disso, decidi que café e cinema com pipoca seriam os meus prazeres. Veja só: juntos, os meus prazeres somam uma parcela mínima da minha entrada financeira. Quem não tem domínio próprio (inteligência emocional) e não segue um plano financeiro, gasta em prazeres caros e vazios.

Como a família é uma das minhas riquezas, construí uma sala de vídeo em casa, na qual desfrutamos juntos de filmes e séries com conforto e qualidade. Também construí em casa um espaço que chamo de cafeteria, na qual recebo amigos, leio livros e desfruto da minha bebida preferida.

Se as suas saídas forem bem menores que as entradas, você estará no rumo do sucesso financeiro.

Tenho amigos que só conseguem sentir-se bem indo a restaurantes caros, fazendo viagens exóticas e participando de eventos chiques e badalados. Eu escolhi o que me dá prazer. E tanto o café quanto a pipoca não têm custo elevado. Desse modo, tenho chances de continuar multiplicando riqueza.

O PLANO ESPIRITUAL

Meu pai me ensinou que o dinheiro também é algo altamente espiritual. Hoje posso afirmar categoricamente que o comandante (papai é chamado assim por causa de sua carreira militar) tem razão.

Uma grande empresa que se destacou no nosso país afirmou certa vez por intermédio de seu CEO que o crescimento explosivo da organização se dera por causa de um fator espiritual. A diretoria decidiu que, a cada produto vendido, três pratos de comida seriam entregues aos pobres. Em segredo, contribuíram com os necessitados e, sem saber, alinharam-se ao poderoso princípio espiritual de COMPARTILHAR.

Compartilhar é o segredo da felicidade; é a chave que abre a porta da prosperidade. Tudo que Deus confiou a você deve ser compartilhado. No caso do conhecimento, o pouco que você sabe é muito para quem não sabe nada. Sempre há alguém que possui menos que você, que sabe menos que você.

Aqui se aplica este princípio milenar e imutável:

> COMPARTILHE COM AQUELES QUE NÃO TÊM.

O plano espiritual resume-se a acreditar que Deus deseja que todos cheguem ao conhecimento, que todos tenham vida em abundância e que Ele usará quem possui mais e sabe mais para facilitar a vida dos que ainda procuram por respostas. Ele pode contar com você?

O planejamento é essencial para uma boa colheita!

Faça e coloque em prática um plano emocional para ter controle das suas emoções.

Desenvolva o seu plano financeiro focado em gastar menos do que você tem de entradas.

Como o dinheiro é espiritual, use o seu conhecimento para facilitar a vida do próximo.

Conclusão

Se a forma de o ser humano interpretar, administrar o dinheiro e lidar com ele é emocional, o que falta para você buscar saúde nessa área hoje? Chegou o momento de pagar o preço da liberdade emocional, para que, de uma vez por todas, você possa desfrutar da prosperidade financeira!

Nada pode impedir você de ter o que o Livro da Sabedoria Milenar chama de "fruto do Espírito" (Gl 5,22), que é: domínio próprio, mansidão, paciência, amor, alegria, bondade e fé. Essa é a chave para ter paz nas finanças.

Basta de correr atrás do vento. Você pode ir direto ao pote de ouro! Como mentor, palestrante, escritor e guia espiritual, procuro ensinar às pessoas o verdadeiro valor do dinheiro e treiná-las para uma vida financeira saudável. Concluo esta obra com alguns conselhos, pois creio que eles têm importância e lugar para transformar a sua realidade.

Conselho 1: Procure um especialista na área emocional e peça um diagnóstico.

Vá a um psiquiatra, faça terapia com um bom profissional da psicologia e tente entender quais são os seus problemas emocionais. A autoavaliação é importante, mas, quando se trata de diagnosticar as emoções e a psique, confie somente em um bom profissional da área.

Se houver algo a ser tratado, como transtorno obsessivo-compulsivo, transtorno bipolar, trauma de infância, complexo de inferioridade, rejeição, amargura ou qualquer outro indicativo, foque na reedição desse problema. Problemas não existem para ser administrados, mas sim RESOLVIDOS! Um problema não resolvido hoje vira um gigante amanhã, como ensino no meu livro *O problema é seu*.[36]

Explique ao profissional escolhido a sua decisão de se tornar próspero em TUDO e que começará essa evolução com a organização das suas emoções.

Conselho 2: Encontre pessoas equilibradas emocional e financeiramente e "cole" nelas. Não desgrude!

Em geral, somos a média das pessoas com as quais convivemos, e é impossível andar com gente equilibrada e estar "fora do eixo". É claro que não é fácil identificar e participar do círculo de convivência dessas pessoas, afinal, quem está equilibrado na vida quer distância dos desajeitados.

---

36 BRUNET, Tiago. *O problema é seu*. São Paulo: Vida, 2021.

> **A REGRA DE OURO É: COMPORTE-SE DE TAL FORMA QUE QUEM ESTÁ NA "RODA DE CIMA" QUEIRA PUXAR VOCÊ PARA LÁ.**

Não aprendi a administrar e a multiplicar dinheiro em uma faculdade, mas no convívio com especialistas. Esse "caminhar" com quem sabe vale mais do que anos de vida acadêmica, principalmente quando se trata de finanças. Não é todo contador, matemático ou consultor financeiro que é rico e livre de dívidas, não é mesmo? O aprendizado por meio da observação e da convivência é valiosíssimo. Sou a prova de que esse tipo de educação pode transformar a vida financeira de alguém. Aproveite para ler meu livro *Especialista em pessoas*[37] para compreender mais sobre os relacionamentos interpessoais, pois tudo tem a ver com pessoas.

Conselho 3: Viva por um propósito!
Quem não morreria pelo que acredita, também não deveria viver por isso.

Como ensino no livro *12 dias para atualizar sua vida*,[38] descobrir a sua Ideia Central Permanente (ICP), ou seja, o seu propósito, desencadeará todo seu crescimento multifocal. Quando sei quem sou, para onde vou, por que faço o que faço e qual é a ideia central da

---

37 BRUNET, Tiago. *Especialista em pessoas*. São Paulo: Planeta, 2018.
38 BRUNET, Tiago. *12 dias para atualizar sua vida: Como ser relevante em um mundo de constantes mudanças* São Paulo: Vida, 2017.

minha vida, escolho melhor quem anda comigo, como invisto meus recursos, que tipo de proposta aceito e quais declino. Não se pode ter paz financeira fazendo dinheiro fora do que você nasceu para fazer.

Muitos empresários me procuram para sessões de mentoria e dizem: "Tenho dinheiro, mas não sinto realização". Sempre respondo com a mesma pergunta: "Você está fazendo o que nasceu para fazer?". Eu, por exemplo, só conheci a verdadeira prosperidade quando comecei a empreender a minha ICP, que é treinar pessoas. Nunca desfrutei de tamanha paz financeira até então!

Conselho 4: Não confunda dinheiro com prosperidade!
Dinheiro é papel-moeda. Prosperidade é ter tudo de que você precisa para cumprir o seu propósito de vida.

No meu caso, tenho família, amigos, conexão com Deus e uma ICP. Com isso, sou uma pessoa próspera. O dinheiro é uma consequência inevitável da integração das riquezas mencionadas. No meu livro *O maior poder do mundo*,[39] apresento os poderes que regem este mundo. Dinheiro é, sim, um deles, mas nem de longe é o maior. Leia essa obra para compreender do que se trata e como alcançar.

Vi muitas pessoas correrem a vida toda atrás de dinheiro e nunca alcançarem a prosperidade. Talvez o papel-moeda estivesse na conta bancária, mas não

---

39 BRUNET, Tiago. *O maior poder do mundo*. São Paulo: Vida, 2016.

existia paz para viver e desfrutar dos benefícios gerados pelo dinheiro. Sem paz é impossível empreender a vida. Mais do que dinheiro, o ser humano precisa ser próspero, devendo reconhecer o que tem em suas mãos, valorizar e agradecer por isso.

Último conselho: Seja um bom administrador de riquezas.

Quem tem inteligência emocional e espiritual sabe que Deus escolhe administradores para suas riquezas aqui na terra. Quem guarda o coração não permite que as dores da vida definam sua forma de ver e gastar dinheiro.

Veja o caso de José do Egito, que foi traído e vendido pelos próprios irmãos. Geralmente, quem trai são os íntimos, aqueles que comem à mesa conosco. Prepare-se para isso, pois acontece com muitos, tal comportamento é repetitivo e histórico. Mesmo assim, José não deixou as emoções sobrepujarem seu propósito de vida, que era alimentar uma geração, entendendo ser o escolhido de Deus para administrar as riquezas do Criador.

Existem coisas que são para você, e outras Deus confia a você para administrá-las, a fim de que uma geração inteira seja beneficiada. Quem domina os próprios impulsos, comportamentos e sentimentos não gasta o que não é seu; antes, cuida muito bem e o administra com fidelidade.

Que você seja cada dia mais próspero!

O Instituto Destiny treina pessoas e destrava destinos por meio de treinamentos baseados na Sabedoria Milenar. Desde 2022, o Método Destiny, que acontece periodicamente em São Paulo e ensina princípios milenares que levam à vida de paz e prosperidade, já treinou milhares de pessoas. Para transformar sua vida e trilhar seu caminho para o sucesso, acesse: https://metododestiny.com.br.

Fontes SCOTCH, JOSEFIN SANS
Papel PÓLEN BOLD 70 g/m²
Impressão IMPRENSA DA FÉ